稲田朋美
防衛大臣の守護霊霊言
「戦えない国」をどう守るのか

大川隆法
RYUHO OKAWA

まえがき

昨日は日本最大の護衛艦「いずも」（実質上のヘリ空母）が、米軍の補給艦護衛の任務につくため横須賀を出港し、稲田防衛大臣もテレビのニュースに映ってはいた。

弁護士として法律の細かい縛《しば》りに目が行きすぎて、国防の大義が見失われることのないよう、心からお願いする次第《しだい》である。

本守護霊霊言の刊行をもって、稲田氏が、防衛大臣にふさわしい人物として、自信に満ちた態度をとり、国民に安心を与える人に変身することを望みたい。慎重すぎる性格が、後手後手に回ることにならなければよいが、というのが私の本心である。

ヴァンクリーフのネックレスを身につけた、前世・連合艦隊司令長官が、今回の北朝鮮危機をどう乗り越えるか。国民の期待は集まっている。

二〇一七年　五月二日

幸福《こうふく》の科学《かがく》グループ創始者兼総裁《そうししゃけんそうさい》　大川隆法《おおかわりゅうほう》

「戦えない国」をどう守るのか　稲田朋美防衛大臣の守護霊霊言　目次

まえがき　3

「戦えない国」をどう守るのか
稲田朋美《いなだともみ》防衛大臣の守護霊霊言《しゅごれいれいげん》

二〇一七年四月二十六日　収録
幸福の科学 特別説法堂《せっぽうどう》にて

1　稲田防衛大臣は慎重《しんちょう》なのか、能力を隠《かく》しているのか、
その本心を探《さぐ》る　17

なぜか、稲田防衛大臣に存在感がない3つの理由　17

魂《たましい》のグループから、「今、防衛問題にいちばん責任を持っている方」を呼ぶ　21

2 日本の防衛態勢は本当に「万全《ばんぜん》」なのか 26

〝男性的〟な話し方で現れた稲田氏守護霊 26

「あの〝火遊び〟? 大したことない」 28

「中国」「アメリカ」「北朝鮮《きたちょうせん》」のそれぞれの動きを読む 35

この半年の仕事を総括《そうかつ》――「大いに不満」 38

日曜日に「オスプレイ」で厚木《あつぎ》基地を訪ねることの意義 40

現在の日本の防衛態勢について、「万全だ」と語った真意 43

稲田防衛大臣は、あえて軍事知識がないように見せている? 48

軍刀を持つ過去世《かこぜ》は、靖国《やすくに》に祀《まつ》られている「英霊《えいれい》」だった!? 50

3 稲田氏守護霊の軍事面からのリアルな戦況分析《せんきょうぶんせき》 59

「在韓邦人《ざいかんほうじん》の救出作戦」については、どう考えているのか 59

在韓米国人に避難《ひなん》命令が出ていない理由　65
「五分か十分で火の海だから、護《まも》れるわけない」　66
稲田氏はまだ能力を隠しているだけなのか　69
「イージス艦《かん》四隻《せき》とＰＡＣ《パック》－３《スリー》三十四基で……？　無理です」　73
憲法改正に取り組むつもりはあるのか　78

4　有事における戦況シミュレーションについて訊《き》く

84
幸福実現党の八年前からの主張をどう思っているのか　84
日本は、実戦が始まってからでなければ何もできないのか　87
北朝鮮は、いちばん弱い日本を狙《ねら》ってくる!?　91
有事の際に自衛隊ができる４つのこと　93
①後方支援《しえん》と邦人保護のための韓国出兵　94
②イージス艦での情報収集　94

③対潜哨戒機《たいせんしょうかいき》等での対応　95
④ポートピープル対策　95
「原発での核《かく》兵器テロ」は防げない　96

5 マスコミ世論《せろん》で国家が滅《ほろ》びないための稲田氏守護霊の策　101

国会で涙《なみだ》を流した場面は「ウソ泣きだよ」　101
「ギリギリまで文民《ぶんみん》統制をしているように見せるのが仕事」　106
日本として果たすべき使命をどう考えているのか　111
北朝鮮の実際の戦力と、有事における米軍の三段階攻撃《こうげき》　113
「憲法九条の改正のためには、多少の砲弾《ほうだん》が飛び交《か》わないと無理」　116

6 国家存亡の危機を回避するための方策とは　120

「日本の核兵器保有」に対する見解を問う　120

サイバーテロ対策は「ローテクでやるしかない」? 123
尖閣《せんかく》・台湾《たいわん》方面が侵攻《しんこう》され、核で恫喝《どうかつ》されたら日本はどうするのか 125
稲田防衛大臣が緊縮《きんしゅく》財政的な考えを取っている理由は? 129
戦時態勢では「贅沢《ぜいたく》してる場合じゃない」 133
稲田防衛大臣は将来の首相を目指しているのか 135

7

稲田防衛大臣の転生《てんしょう》と今世《こんぜ》の使命

138
「日本防衛を使命として生まれてきた」という魂の前世《ぜんせ》は? 138
「まもなく開戦だから、その準備に入っている」 144
稲田氏守護霊は中国・北朝鮮と戦えるのか 147
次の中国に備える意味で「今、国体が変わったほうがいい」 151
東條英機《とうじょうひでき》とは「そりが合わない」 155

8 覇権《はけん》主義の中国と東アジア諸国の今後のパワーバランス 159

9 稲田防衛大臣の過去世から戦運《いくさうん》を占《うらな》う 162

焼津《やいづ》あたりで日本武尊《やまとたけるのみこと》に負けたことがある？ 162

過去世のどこかで戦に勝ったことはあるのか 167

神武東征《じんむとうせい》のときには大和《やまと》防衛の立場にいた 170

「瑞穂《みずほ》の国、稲穂《いなほ》の国みたいな感じが好き」 172

幸福の科学や幸福実現党は共謀《きょうぼう》罪の対象になりうるのか 176

10 政治家とマスコミは「挑戦《ちょうせん》と応戦」の人類史を学べ 180

新興パワーに応戦できないと国家は滅ぶのが歴史 180

日本の科学技術は軍事においても踏《ふ》み込《こ》むべき 184

国防の面で稲田防衛大臣と気脈を通じている人物はいるのか 188

十年後、宇宙開発をした中国軍に負けないための方策を　191
「私は何とか生き残らなければいけない」　193

11　意外性のあった稲田防衛大臣の守護霊霊言　200
稲田氏は「いちばん強いところとは戦わないほうがよい人」　200
悪とは和解しないトランプ大統領は、ある意味で宗教性が強い　203

あとがき　208

「霊言現象《れいげん》」とは、あの世の霊存在の言葉を語り下ろす現象のことをいう。これは高度な悟《さと》りを開いた者に特有のものであり、「霊媒現象《れいばい》」（トランス状態になって意識を失い、霊が一方的にしゃべる現象）とは異なる。

また、人間の魂《たましい》は原則として六人のグループからなり、あの世に残っている「魂のきょうだい」の一人が守護霊《しゅごれい》を務めている。つまり、守護霊は、実は自分自身の魂の一部である。したがって、「守護霊の霊言」とは、いわば本人の潜在《せんざい》意識にアクセスしたものであり、その内容は、その人が潜在意識で考えていること（本心）と考えてよい。

なお、「霊言」は、あくまでも霊人《れいじん》の意見であり、幸福の科学グループとしての見解と矛盾《むじゅん》する内容を含《ふく》む場合がある点、付記しておきたい。

「戦えない国」をどう守るのか
稲田《いなだ》朋美《ともみ》防衛大臣の守護霊霊言《しゅごれいれいげん》

二〇一七年四月二十六日　収録

幸福の科学　特別説法堂《せっぽうどう》にて

稲田朋美《いなだともみ》（一九五九～）

政治家、弁護士。福井《ふくい》県出身。早稲田《わせだ》大学法学部卒。二〇〇五年、「郵政解散」直前に、自民党本部で行《おこな》った講演を聴《き》いた安倍《あべ》幹事長代理（当時）にスカウトされ、政界入りを決意。同年の衆議院議員総選挙で初当選を果たす。二〇一二年に、内閣府特命担当大臣（規制改革）、行政改革・公務員制度改革・クールジャパン戦略・再チャレンジ各担当大臣として初入閣。二〇一六年、防衛大臣に就任。

質問者　※質問順

綾織次郎《あやおりじろう》（幸福の科学常務理事 兼《けん》「ザ・リバティ」編集長 兼 ＨＳＵ講師）

釈量子《しゃくりょうこ》（幸福実現党党首）

大川裕太《おおかわゆうた》（幸福の科学常務理事 兼 宗務《しゅうむ》本部総裁室長代理 兼 総合本部アドバイザー 兼 政務本部活動推進参謀《さんぼう》 兼 国際本部活動推進参謀）

［役職は収録時点のもの］

1　稲田《いなだ》防衛大臣は慎重《しんちょう》なのか、能力を隠《かく》しているのか、その本心を探《さぐ》る

なぜか、稲田防衛大臣に存在感がない3つの理由

大川隆法　アメリカと北朝鮮《きたちょうせん》の間の軍事的な緊張《きんちょう》が高まっているなかで、日本や韓《かん》国《こく》、中国、ロシア等も絡《から》んで、今、厳しい「読み」の段階に入っているのではないかと思っています。

そのなかにおいて、存在感があまりなく、私のほうでもほとんど意識していなかった人が、一人いることに気がつきました。

実は、昨日《さくじつ》（二〇一七年四月二十五日）の夜、（岸田文雄《きしだふみお》）外務大臣の守護霊《しゅごれい》が私のところに来ました。そうとう心労して、生霊《いきりょう》（注。守護霊と地上の本人の表面

意識とが一体化したような状態のもの）と化しており、愚痴《ぐち》を言って帰ったのですが、そのときに、「外務大臣の仕事がもうなくなったら、次は防衛大臣の仕事になるのだけれども、防衛大臣が何かをしてくれることはなかろう」というようなことも言っていたので、少し気にはなっていたのです。

今日のお昼にも少し、「日本の防衛大臣には何も言うことがないだろうね」というような話をしていたのですが、そのあと、稲田《いなだ》防衛大臣の守護霊が、「いやあ、そうおっしゃるなら、（霊言《れいげん》で）出てもよい」というようなことを言ってきたので、その方向で考えています。

（稲田氏には）存在感がないのです。テレビや新聞で数多く報道されてはいますが、記者会見を開いて何かを言ったり、テレビ番組に出てきたりすることは、ほと

対北朝鮮の連携強化を話し合う日豪外務・防衛閣僚協議で握手をする（右から）稲田朋美防衛相、岸田文雄外相、オーストラリアのジュリー・ビショップ外相、マリス・ペイン国防相（2017年4月20日）。

んどありません。

おそらくは、安倍《あべ》首相や菅官房長官《すがかんぼうちょうかん》あたりから、「変な失言をしたら命取りになるから、マスコミには出るな」と釘《くぎ》を刺《さ》されているのではないかと推定しています。昨日《きのう》も、（今村雅弘《いまむらまさひろ》）復興大臣が、「（東日本）大震災《だいしんさい》が東北でよかった」などと言ったあと、すぐに更迭《こうてつ》されたぐらいなので、「今、口を滑《すべ》らせて変なことを言うと、責任問題になるから、マスコミには出るな」と言われている可能性が高いでしょう。

現に、アメリカのほうは、「日本には軍事情報を流せない。日本に言った場合には、全部、外に漏《も》れてしまう」というようなことを言っているらしいので、日本の防衛省にも、大事な情報はまったく入れてくれないのではないかと思います。

例えば、「いざ、攻撃《こうげき》が始まる」ということになったら、一、二時間前ぐらいに、それを教えてくれる程度で、作戦内容については、おそらく、事前には教えてくれないのではないでしょうか。

ですから、（稲田氏に存在感がない）一番目の理由は、「日本には主体的に自分たちでできることは何もない」ということなのかと思います。

二番目の理由としては、「稲田氏自身の性格により、非常に慎重《しんちょう》に構えている」という可能性もあるかと思います。

稲田さんについては、私も、「防衛大臣になって、タカ派的な発言をされるのではないか」と思っていたのですが、必ずしもそうではありませんでした。

去年、「終戦記念日には靖国《やすくに》神社の参拝《さんぱい》に行くのではないか」と思っていたら、稲田大臣はジブチに行ってしまい、争点外《そうてんはず》しを見事にやられました。その後も、失言問題等もあったからかもしれませんが、上手に逃《に》げていて、慎重にやっています。

稲田さんは早稲田《わせだ》大学の法学部を出て弁護士をしているので、細《こま》かいことにこだわって、責任を取らないように避《さ》ける〝技術〟に長《た》けているのかもしれません。

三番目の理由としては、稲田さん自身ではなくて、マスコミのほうが、「この人は軍事知識を持っていないから、防衛問題や軍事問題について訊《き》いたって無駄《むだ》だ」と思っているか、あるいは、「多少は知っていても、判断権がないから、訊いたって無駄だ」と思っているのでしょう。つまり、稲田防衛大臣は、今、事実上、〝ノーカウント（計算外）〟になっている状態というか、「〝中二階〟にいて、何も訊かれもせず、言わされもしないというような状態」に、もしかしたら、なっているのではないでしょうか。そのように感じられます。

魂《たましい》のグループから、「今、防衛問題にいちばん責任を持っている方」を呼ぶ

大川隆法　そういう状況《じょうきょう》のなかで、昨日、トランプ大統領の守護霊に考えを訊いてみたのですが、「どう行動するかについては、極秘事項《ごくひじこう》がかなりあるので、はっきりしたことは、あまり言えない」というようなことを言っていたので、あちらも慎重なのだと思います。（情報等が）漏れると、それに合わせて考え方が変わってくる可能性もあるので、そういう対応もあろうかと思います。

そこで、今日は、日本の防衛大臣の守護霊に訊いてみます。その内容が伝わるの

に少し時間がかかるとは思いますが、「何か基本的な考え方や方向があるのかどうか」ということを調べてみようかと思っています。

国会答弁ではないので、ストレートに言葉尻《じり》を捉《とら》えられて、責任を取らされることはないでしょう。

最近は、マスコミやその他の関係者たちにも、霊言集などをそうとう細かく読み、言葉の一言一句《いちごんいっく》を点検する傾向《けいこう》があります。私よりも細かく読み、「これの意味は何なのか」というようなことを追究して調べたりする傾向が出てきているのです。

そういうこともあるので、（守護霊の今回の発言は）非公式なものにはなると思うのですが、ある程度、防衛大臣の本心と受け取られる可能性はあると思います。

幸福の科学の信者ならともかく、それ以外の方の場合、霊言集というのは半信半疑でしょうから、オフィシャル（公式）には、今回の発言そのものが責任を問われることはないと思いますが、心証《しんしょう》というか、印象的には、「そのようになるのかな」と受け取られる向きはあるというくらいには、理解していただいたほうがよいかと考えます。

（稲田氏の守護霊は）できるだけ〝尻尾《しっぽ》を出さない〟感じで上手に言うとは思うのですが、それで引っ込《こ》んでいたのでは、質問者は役割を果たせません。〝失言〟してもらうことが面白《おもしろ》みを増すことになります。やはり本音を引き出さなくてはなりません。

（質問者の大川）裕太さんは、執筆《しっぴつ》中の国防論の筆が止まり、日本の国防のあり方がなかなか書けないでいますが、要するに、何がどうなるか分からない部分があるので、止まっているわけです。

ただ、「この方（稲田氏）が本当に（国防の）責任者なのかどうか」というと、やや微妙《びみょう》で、官僚《かんりょう》に訊かないと分からないかもしれません。

先日、渡部昇一《わたなべしょういち》先生が亡《な》くなられました（二〇一七年四月十七日没《ぼつ》）。渡部先生は、生前、〝稲田朋美《ともみ》を総理大臣にする会〟（稲田朋美全国後援会《こうえんかい》「ともみ組」）の会長をしておられたので、（稲田氏も渡部先生の帰天《きてん》を）惜《お》しんでおられるとは思いますが、防衛大臣になってからの感じからすると、慎重すぎて、逆に総理を務めるのは難しいように見えてきているのではないでしょうか。それが国民の印象であろうかと思うのです。

今日は、「『信じるも信じないも半々』と思って霊言集を読む人が多い」と〝善意〟に理解し、（稲田氏の守護霊が）本心を言ってくればありがたいと思います。

守護霊を呼びますけれども、ただ、女性が出るか男性が出るか分からないところがあります。もし男性人格が出た場合には、「半分はご愛嬌《あいきょう》、半分はそのとおりだろう」と思って見てくだされば、ありがたいと思います。

どちらになるか分かりませんが、魂《たましい》のグループとして何人かいると思うので、そのなかで、「今、防衛問題について、いちばん責任を持っている方」を呼んでみようかと思います。

『渡部昇一 日本への申し送り事項 死後21時間、復活のメッセージ』（幸福の科学出版刊）

（質問者たちに）始めますが、向こうとしては、できるだけ早く逃げたいだろうと思うので、突《つ》っ込むことがあれば突っ込んでください。

（手を一回叩《たた》く）それでは、今、風雲急《ふううんきゅう》を告《つ》げている国防態勢のなかで、稲田防衛大臣がどのように考えておられるのか、そのご本心を探《さぐ》りたいと思います。

稲田朋美防衛大臣の守護霊よ。

どうぞ、幸福の科学にお降りくださって、われわれにその本心を明かしたまえ。

稲田防衛大臣の守護霊よ。

どうか、そのご本心を明かしたまえ。

よろしくお願い申し上げます。

（約十秒間の沈黙《ちんもく》）

2　日本の防衛態勢は本当に「万全《ばんぜん》」なのか

〝男性的〟な話し方で現れた稲田氏守護霊

綾織　こんにちは。

稲田朋美守護霊　うーん。何だね？

綾織　稲田防衛大臣の守護霊様でよろしいでしょうか。

稲田朋美守護霊　うん。もちろん。もちろん。

衆議院本会議で法案の趣旨説明を行う稲田朋美防衛大臣。

綾織　はい。

稲田朋美守護霊　そう言って呼んだじゃないか。

綾織　ああ……。〝男性的〟な登場のされ方をしていますね（笑）。

稲田朋美守護霊　うん？　男性か女性かなんて、そんなの、スカートを穿《は》くか穿かないかの違《ちが》いでしかないじゃない。

綾織　なるほど。

稲田朋美守護霊　（釈を指して）前にも、スカートを穿いてる人が座《すわ》ってるけど、別に女性とは思っとらん。

釈　（苦笑）

綾織　では、そういう前提で進めさせていただきます。

稲田朋美守護霊　本人に似てないように感じるかもしらんが、中身は一緒《いっしょ》よ。ハッハ（笑）。

綾織　なるほど。

「あの〝火遊び〟？　大したことない」

綾織　今、東アジアが非常に緊迫《きんぱく》した情勢になっています。

稲田朋美守護霊　そうかねえ？　緊迫してますかねえ。

綾織　していないですか。

稲田朋美守護霊　うーん。どうなんだ？　まあ、鷹揚《おうよう》に構えとるんだがねえ。

綾織　ほお、そうですか。

稲田朋美守護霊　うん、うーん。

綾織「それほど、今にも始まりそうというわけではない」というようにご覧になっているわけですね。

稲田朋美守護霊　うん？　何が始まるのよ？

綾織　北朝鮮《きたちょうせん》とアメリカとの間の何らかの……。

稲田朋美守護霊　ああ、〝火遊び〟か？

綾織　まあ、そうですね。そういうものですね。

稲田朋美守護霊　〝火遊び〟な。うん。まあ、大したことないんじゃないの。

綾織　大したことない？

4月16日、北朝鮮がミサイル発射を試みたが、失敗に終わったことを伝える韓国のテレビ報道。

稲田朋美守護霊　うーん。大したことないよ、この程度じゃあ。うーん……、まだまだ。

綾織　ほお。この程度では……。「それほど、大きな戦いには発展していかない」というようにご覧になっているんですかね？

稲田朋美守護霊　何ができるっていうのよ。何にもできないじゃない。

綾織　それは、どちらですか。北朝鮮？

稲田朋美守護霊　両方。

綾織　両方が？

稲田朋美守護霊　うーん。何もできないよ。

綾織　両方ができない？

稲田朋美守護霊　だって、言い方から見ればさあ、「即《そく》、核《かく》戦争」になるんだろう？　もう、そこまで言ってるんだからさあ。

そんな、「即、核戦争」になるっていうことは、二日目はもう……、（二日目）以降の戦争は、もうスケジュールが立たんってことだから。人類滅亡《めつぼう》の〝ハルマゲドン〟だ。アハハハハハ（笑）。

綾織　うーん……。トランプ大統領は、「そこまで一気に行く」という見方はされていないようですね。

稲田朋美守護霊　うん？　いやあ、分からんよ、あいつは。あれ、キレやすいからね。

綾織　キレやすい？

稲田朋美守護霊　うん、分からん。

綾織　ああ。キレやすいから核戦争まで行ってしまう？

稲田朋美守護霊　いやあ、あっち（北朝鮮）が「撃《う》つ」と言ったら、脅《おど》しでな。

トランプ大統領は、政権発足100日目となる4月29日、ペンシルベニア州で演説を行い、「アメリカを再び豊かにする。そして、アメリカを再び偉大にするのだ」というメッセージを語った。

綾織　はい。

稲田朋美守護霊　朝鮮国営放送かな？　脅しで「核を撃つ！」と、もし……。まあ、脅しは得意だからさ。言うことあるじゃない、アナウンサー限りで。

綾織　ええ。

稲田朋美守護霊　言ったら、いやあ、「うち（アメリカ）も撃つ」って言うかもしれないわなあ。あの人（トランプ大統領）の性格から見たら。

綾織　なるほど。

稲田朋美守護霊　なあ？　「うちは撃たないけど」って言ったら負けじゃない。

綾織　ただ、トランプさんの周りの軍事の方々は、「一気にエスカレートすることはないのではないか」という見立てをしていますね。

稲田朋美守護霊　いや、それはフェイントだな。

綾織　そうなんですか。

稲田朋美守護霊　それはフェイントだ。

「中国」「アメリカ」「北朝鮮《きたちょうせん》」のそれぞれの動きを読む

綾織　では、「一気に核戦争になるだろうから、お互《たが》い動けない」となると、このまま、緊張がずっと続いていくんですかね。

稲田朋美守護霊　まあ、中国が（北朝鮮《きたちょうせん》へ供給する）石油を止《と》めてくれればな。本当に止めてくれれば……。

綾織　はい、はい。

稲田朋美守護霊　今、「値上がり」が始まってる、ガソリンのな。「値上がり」が北朝鮮で始まって、ガソリン不足が始まってきているけど。

まあ、買い占《し》めていることもあるから、ちょっと分かり切らないけど。「中国から入ってこないかも」ということで買い付けているだけだったら、値上がりしてても当てにならないけども。もし本当に中国のほうが止めているんだったら、それは、一、二カ月すれば、もうほとんど戦えない状態にはなってくるだろうなあ。

綾織　なるほど。では、「北朝鮮がその時点で、核開発なり、ミサイル開発なりを放棄《ほうき》する」というようにお考えなんですか。

稲田朋美守護霊　いやあ、それは分からんな。それは分からん。だから、トランプのほうとしてはだなあ、「（北朝鮮を）占領《せんりょう》する」というような素振《そぶ》りを見せたら、中国のほうが協力しなくなるから。それを見せないようにしなきゃいけないから、あくまで限定的で、もう短期間のものであるかのように、いちおうは言わないといけないし、いちおう、交渉《こうしょう》にもなっているから、硬軟《こうなん》両方の交渉のあり方があるようにも見せねばならん。

綾織　うん、うん。

稲田朋美守護霊　本心と違ってても、そう見せないといかんことになるから。単なる〝タカのなかのタカ〟だけではいかんだろうから。まあ、ちょっと、そのへんも絡《から》んでおるんで。

北朝鮮も、昨日《きのう》（二〇一七年四月二十五日）の八十五周年か？　軍創設の記念日に、海岸線での射撃《しゃげき》・砲撃《ほうげき》の訓練しかしなかったっていうことだから。これに対して、アメリカ軍は海中から砲撃するわけにはいかんから。まあ、（北朝鮮は）いちばん無難《ぶなん》なあたりを狙《ねら》ったということだろうと思うが。

うーん……。まあ、日本は、特に今ねえ、打つ手はないのさ。ハハ（笑）。

この半年の仕事を総括《そうかつ》――「大いに不満」

釈　昨年（二〇一六年）の八月に防衛大臣になられてから今日まで、いろいろなことがあったわけなんですけれども、昨年の八月以降の、防衛大臣になられてからの稲田氏ご自身のお仕事については、どのように総括《そうかつ》されますか。

稲田朋美守護霊　いやあ、大いに不満ではある。女が、スカートを穿いてるだけで、「防衛なんかできない」と思っとるやつがいっぱいおるんで。自衛隊もそうだし、防衛省の幹部たちもみんなそう思って、「ただのお飾《かざ》りだ」と思っとるから。「とにかく黙《だま》っておいてくれ」っていう、こればっかりだ。

釈　その「黙っておいてくれ」というのは、安倍《あべ》首相から言われているんでしょうか。

稲田朋美守護霊　いや、防衛省内部も、それは強いわな。だから、専門知識を持ってるのは官僚《かんりょう》ないし自衛隊の幹部だが、彼らは記者会見なんかにはめったに出ない。大臣がいるからね。

それで、大臣が記者会見に出なければ、結局、「専門的なことは何も言わなくて済む」ってことになるわけだから。「知らぬ存ぜぬ」で過ごせるわな。だから、（自衛隊の）南スーダンからの撤退《てったい》・撤収ぐらいの話で済むんじゃないかなあ。

日曜日に「オスプレイ」で厚木《あつぎ》基地を訪ねることの意義

大川裕太　実際、稲田さんのこれまでのキャリアを見ると、防衛とは少し違う、「歴史認識」ですとか、あるいは、「人権問題」といった仕事のほうが多かったと思うのです。

稲田朋美守護霊　うーん。

大川裕太　誇《ほこ》りにされていたのは、民主党政権期の法務大臣とのやり取りなどであったかと思いますけれども、いざ、防衛大臣となったときに、「はたして、稲田さんに防衛の知識があるのか」ということについては、非常に疑われているところではございました。

稲田朋美守護霊　うーん。

大川裕太　これは自衛隊の方から伺《うかが》った話なのですけれども、稲田さんが、防衛大臣になってすぐのころ、厚木《あつぎ》基地に、日曜日にオスプレイに乗って、やって来ようとしたことがあったらしいのです。

稲田朋美守護霊　うん、うん、うん。

大川裕太　それで、自衛隊の内部からは「『日曜日に、厚木基地の周辺にオスプレイで飛んでくる』っていうのは、どういうことになるのか分かっているのか」と。

稲田朋美守護霊　うん。

大川裕太　そして、「稲田大臣は、現在の基地やオスプレイの問題について何も理解していないのではないか」と言われていたという話を聞きました。

稲田朋美守護霊　ああ、そいつは、やっぱり、何も分かっとらんのだな。

軍事行動っていうのは、日曜日だってあるわけだからね。みんなが「休んでる」と思っているときに、北朝鮮なんかは、いつもやるもんなんだから。日曜日にオスプレイが飛んできたら、それを「何にも分かってない」って言うやつが最も分かっとらんので。そういう自衛隊の人間が、いちばん役に立たない。防衛できない。

金正恩《キムジョンウン》みたいなのは、そういう裏をかくからさ。みんなが「ないだろうな」と思ったときに狙う。休みのときに狙う。寝《ね》ているときに狙う。そういう人間だろう？だから、「予定外の日曜日に来る」っていうこと自体が演習なんじゃない。それが分かっとらんという。高度な政治判断が、もうまったくできてないな。

大川裕太　なるほど。確かに、それはおっしゃるとおりですね。

稲田朋美守護霊　ただ単なる「技術官僚」っていうかな、テクノクラートだな。

現在の日本の防衛態勢について、「万全《ばんぜん》だ」と語った真意

綾織　軍事的なことについて、自信を持たれているような感じがします。

稲田朋美守護霊　うーん、もちろん。それはそうだ。それはそうだ。

綾織　北朝鮮の情勢については、中国がある程度、圧力をかけて、落ち着いていくのかもしれませんけれども、日本の今の時点での防衛態勢については、何が問題で、どう変えていかなくてはいけないとお考えですか。

釈　昨日（二〇一七年四月二十五日）の稲田防衛大臣のお話だと、「万全《ばんぜん》の態勢だ」ということで大見得《おおみえ》を切っておられたんですけれども。

稲田朋美守護霊　万全？　ふーん、万全。

釈　はい。

稲田朋美守護霊　万全ね。「万全」っていうのは、いい言葉だね。

釈　どこが万全で……。

稲田朋美守護霊　万全なら、もういいんじゃない？　それ。

綾織　本当に、そうお考えですか？

稲田朋美守護霊　うん？

釈　あなたが、そうおっしゃっておられたんですけれども。

稲田朋美守護霊　「万全」って（笑）、いや、「われわれができることは、その限りをした」ということだろう？　それだけのことだろう。「万全」って、アメリカが言っているような、「あらゆる選択肢《せんたくし》がテーブルに載《の》っている」という意味での「万全」ではないわな。

綾織　それは違う、と。

釈　本心で「万全」と思われているわけではないということですか。

稲田朋美守護霊　いや、「うちができることは手を尽《つ》くしている」ということですね。

釈　「『国民を護《まも》るためには足りないところがある』とは思っておられない」ということで、理解してよろしいのですか。

稲田朋美守護霊　うーん……、まあ、「アメリカが、どの程度、本気か」っていうことを読み取るのが最大の仕事だからね。

だから、アメリカの本気度を見て、自衛隊が、どの程度、動けるかを考えなきゃいけないから。

大川裕太　それは、あなたで読み取れるのですか。

稲田朋美守護霊　うーん……、それは難しいところだが、「万全を尽くす」わ。うーん……、難しい。

釈　何か、もう「厚黒学《こうこくがく》」の世界に入っておられるような感じもしなくもないんですけれども（笑）。

稲田朋美守護霊　ううーん!?　いや、そんなことない。そんな大物じゃないから、私は。

●厚黒学　中国の成功哲学の一つ。「歴史を動かそうとする人物は厚顔無恥《こうがんむち》（厚《こう》黒《こく》）であれ」という逆説的な主張の下《もと》、「厚かましく、かつ、腹黒く生きる」ことを勧める。著者は清末民初の学者である李宗吾《りそうご》。

稲田防衛大臣は、あえて軍事知識がないように見せている？

大川裕太　一説によると、今年（二〇一七年）の二月に安倍さんがトランプ氏のフロリダの別荘《べっそう》に行かれたときに……。

稲田朋美守護霊　うーん、うん、うん、うん、うん。

大川裕太　これは日本の報道なので、真実かどうかは存じ上げないのですけれども、トランプ氏が安倍さんに、「それより、おまえのところの、あの無能な女性の防衛大臣、あれを早くクビにしろ。あれが要《い》らないんだ」というようなことを言ったという話がありました。

稲田朋美守護霊　なんという女性差別だ。トランプはクビだ！

大川裕太　（笑）

稲田朋美守護霊　〝ファイアー（クビ）〟だ。

綾織　「女性だから」というわけではないと思うのですけれども。

稲田朋美守護霊　うん？

大川裕太　軍事知識が、向こうのマティス国防長官と比べると……。

稲田朋美守護霊　（軍事知識が）ないように見せるのが日本では大事なんじゃないか。文民《ぶんみん》統制をしているように見せないといかんから。もう〝軍事オタク〟が上に

●文民統制（シビリアン・コントロール）　軍隊の最高指揮権を、文民である政治家が持つこと。軍隊が政治に介入することを抑制し、民主政治を護るための原則。

乗ってたら、すごく心配だろ、みんな。だから、知らないように見せてるところが大事なんだ。やってるに決まってるんだ。

軍刀を持つ過去世《かこぜ》は、靖国《やすくに》に祀《まつ》られている「英霊《えいれい》」だった!?

釈　では、お得意分野だと思うんですけれども、稲田さんは昨年（二〇一六年）の八月十五日に、靖国《やすくに》神社参拝《さんぱい》を見送りました。「内閣の一員として政府の意向に従っている」というお姿が印象的なのですけれども。

稲田朋美守護霊　うーん。

釈　まあ、（靖国参拝は）今まで信念とされてきたところかと思うのですけれども、率直《そっちょく》にお伺いします。

靖国神社には、幕末の志士たちをはじめ、明治以降の戦争における軍人・軍属等の戦没者など、約 247 万柱が英霊として祀られている。

まず、英霊《えいれい》の存在等は信じていらっしゃいますか？

稲田朋美守護霊　うん？　あのねえ、あんたにそんなこと訊《き》かれなきゃいかんほど、私、落ちぶれちゃいないよ。何言ってるんだ。あんた、私の代わりに靖国に行ってるんでしょう？　それでいいじゃない。

釈　（苦笑）

稲田朋美守護霊　うん？

大川裕太　ちなみに、稲田さんの立ち上げられた保守系の議員団体の「伝統と創造の会」というのは、稲田さんが衆議院議員になられて以降、その活動の一つとして、毎年、八月十五日と、それから、もうすぐですけれども（収録時点）、サンフランシスコ平和条約が発効して日本が主権を回復した四月二十八日に、靖国神社参拝に行かれていたということだったのですが、今年はいったいどうされるのでしょうか。

稲田朋美守護霊　いや、まあ、そういうねえ、外見はどうでもいいんだよ。

大川裕太　どうでもいいんですか。

稲田朋美守護霊　心のなかに弔《とむら》う心があれば、それで十分なんだよな。

綾織　心のなかでは、英霊の方々に深い感謝を捧《ささ》げられているということでしょうか？

稲田朋美守護霊　そりゃあ、そうでしょう。……私だって英霊だからね。

釈　あっ、「英霊でいらっしゃる」ということは……。

稲田朋美守護霊　うーん。英霊だよ。

釈　地上のご本人がお生まれになったのは、最近ですけれども、守護霊様は先の大戦で命を落とされた方ということですか。それとも、そのあたりにいらっしゃった……。（稲田朋美守護霊が右腕《みぎうで》をグルグルと回し始めるのを見て）あっ、何か腕を回して……。

稲田朋美守護霊　いやあ、私だって、私自身だって、本当は靖国に祀《まつ》られとるほうだからねえ。

釈　ああ、そうですか！　では、そろそろ、ちょっと……。

稲田朋美守護霊　うーん？

釈　今、お話しされているのはどなたなのか、聴《き》いている方に分かりやすいように、お名前など、ご披露《ひろう》いただければありがたいのですけれども。

稲田朋美守護霊　ハハハハハハ（笑）。まあ、それは……。いやあ、もうちょっとあとの楽しみのほうがいいいんじゃないかな？

釈　あとのほうがよろしいですか。

稲田朋美守護霊　あんまり早いと、（霊言《れいげん》が）もう終わっちゃうぞ（会場笑）。終わっちゃうぞ。

釈　昭和の動乱期か何かにいらっしゃった方ですか？

綾織　最初のうちに過去世《かこぜ》のお名前が出てくる方もいらっしゃるので、それはそれでありうるかなと思うんです。

稲田朋美守護霊　ふーん。

釈　話が分かりやすいので……。

大川裕太　最後に持ってくると、「いつも同じパターンだな」と怒《おこ》られたこともありましたので。

稲田朋美守護霊　ふーん。

釈　ちょっと〝掘《ほ》り込《こ》みたい〟ところといいますか、お伺いしたいこともいろいろございますので。

稲田朋美守護霊　うーん。

大川裕太　ただ、もし稲田さんという方のイメージが崩《くず》れるのであれば、とりあえず稲田さんで……。

稲田朋美守護霊　それは崩れるよ。

大川裕太　そうですか。

稲田朋美守護霊　そらあ、崩れるよ。もうすでに崩れとるよ。すでに崩れとるだろうが。

釈　もう〝十分、崩れておられる〟ので、いっそのこと、おっしゃっていただければありがたいんですけれども。

稲田朋美守護霊　うーん。（何かを握《にぎ》っているような感じの左手を、小さく動かし続けながら）だから、もうこの格好を見たら、軍刀を持っとるのは分かるだろうが。

ええ？

綾織・釈　軍刀？

綾織　ということは陸軍でいらっしゃいますね？

稲田朋美守護霊　うーん？　いや、そんなことはないよ。

綾織　そんなことはないんですか。

稲田朋美守護霊　陸軍とは限らないよ。海軍かもしらんよ。だけどなあ、〝わしの業績〟を言うてもしょうがないわけよ。稲田の仕事だから、今ね。

釈　なるほど。

3　稲田氏守護霊の軍事面からのリアルな戦況分析《せんきょうぶんせき》

「在韓邦人《ざいかんほうじん》の救出作戦」については、どう考えているのか

釈　では、まず喫緊《きっきん》の課題ですけれども、「このゴールデンウィーク中にでも、米朝の間で軍事的な衝突《しょうとつ》があるかもしれない」と言われています。その場合、韓国《かんこく》には在韓邦人《ほうじん》が三万八千人、あるいは、旅行者を入れると五万七千人います。

稲田朋美守護霊　うーん。

釈　この方々は、どのように帰還《きかん》させるおつもりなのでしょうか。

稲田朋美守護霊　なんで帰還させなきゃいけないのよ？　なんで帰還させなきゃいけないの？

大川裕太　「邦人保護」というのが、集団的自衛権の行使を含《ふく》んだ法改正の目的の一つでしたよね。

稲田朋美守護霊　そんなことないよ。ちゃんと攻撃《こうげき》を受け止めていただきたい。

釈　「亡《な》くなっても構わない」ということですか？

稲田朋美守護霊　日本人が攻撃を受けなかったら、〝大義名分《たいぎめいぶん》〟が何にも立たないじゃないの。

釈　大義名分のためには……。

稲田朋美守護霊　避難《ひなん》させちゃったら、大義名分がないじゃない、何も。

綾織　ということは、そこで被害《ひがい》があって、そこから自衛隊として行動し始める？

稲田朋美守護霊　そらあ、そうでしょう。そらあ、やっぱり、自衛隊が朝鮮《ちょうせん》半島に上がるためにはね、五千や一万人は死んでもらわないと、そらあ、無理でしょう。

釈　五千や一万ですか!?

大川裕太　おお！

稲田朋美守護霊　そんな、十人や二十人が死んだぐらいでは上がれんよ。

大川裕太　それは、〝更迭《こうてつ》発言〟ですね。

稲田朋美守護霊　そうだよ。だけど、まあ、「国会じゃない」って言ったから、いいじゃない。本人の証明は何もないんだし、どう見たって〝男性の発言〟だからさあ。「稲田の（発言）じゃない」って思えば。

綾織　「その時点で自衛隊を動かす」ということを考えられているわけですね。

稲田朋美守護霊　うん、そう、そう、そう。だから、ちょっと、被害を出してもらいたいんだ。避難はゆっくりしていただきたい、なるべく。

綾織　なるほど。

稲田朋美守護霊　だから、多少、砲弾《ほうだん》を受けてもらわないと、自衛隊が動けない。動けるわけがないでしょう、今の感じで。

綾織　現実に、「民間航空機を出さないと逃《に》げてこられない」という状態ではあるのですけれども。

稲田朋美守護霊　できるわけないでしょ。だって、バンバン撃《う》ち合ったら……、北朝鮮が「三十八度線」で砲撃したら、そんなもの、JAL《ジャル》もANA《アナ》も飛んでたら撃ち落とされるに決まってる。あんなでかいもの、当てるの簡単じゃないか。

綾織　では、自衛隊を動かして、そこで……。

稲田朋美守護霊　だから、「民間はもう無理です」ということで、自衛隊が救出作戦をしなきゃいけないけど、「じゃあ、どうするか」ということになって。艦船《かんせん》も出さなきゃいけないし、ボートも出さなきゃいけない。それから、自衛隊機というのも、できるだけ遠いところから入っていかないと、近くまで寄ると撃ち落とされるから。

綾織　うーん。

稲田朋美守護霊　ねえ？　やっぱり、ある程度、邦人が地上を何百キロと、命からがら逃げてくるところを頑張《がんば》っていただかないと、それは無理でしょう。簡単に逃げられるんだったら。

綾織　なるほど。それは救援《きゅうえん》のためですね？　救援のために出す、と。

在韓《ざいかん》米国人に避難《ひなん》命令が出ていない理由

稲田朋美守護霊　だから、アメリカも二十万人ぐらいいね、まあ、軍隊は二、三万だけど、米国人は韓国《かんこく》にまだ二十万人いて、退避《たいひ》命令が出てないよね。これ（退避命令）を出したら、攻撃するのが分かるから出せないんだよ。
要するに、トランプ大統領としては、「もう死んでもらうつもりでいる」はずだよ。「退避しろ」と言ったら、絶対、「大規模な戦争になるのを覚悟《かくご》した」ってことが分かっちゃうから、出せないんですよ。

綾織　では、家族も避難させないと？

稲田朋美守護霊　うん、避難させない。

もうねえ、「戦争を始める」っていうことは、まあ、全部が死ぬことはなかろうけどね。だけど、「最大半分ぐらいは死ぬ」と、腹を決めないとできないよね。二十万いたら、多少、逃げれるとは思うけど、十万ぐらいは殺されることもありえると。米国人がよく住んでるところばっかりを攻撃することもありえるからね。

「五分か十分で火の海だから、護《まも》れるわけない」

大川裕太　ただ、稲田大臣ご自身は、「ゴールデンウィークを含む五月上旬《じょうじゅん》あたりに、ベトナム、タイに行く」としています（注。その後、緊迫《きんぱく》する北朝鮮情勢を受け、稲田防衛相は大型連休中の外遊を中止した）。

稲田朋美守護霊　ええ。まあ、親善を深めてねえ。次の戦争というか、「対中華包《ちゅうかほう》囲網《いもう》」のためにね。やっぱり、中国に対しても圧力をかけねば。

大川裕太　しかし、それを、「日刊ゲンダイ」などは、「逃げた」というように報道していますが。

稲田朋美守護霊　ああ、まあ、そういう見方はあるけれども、韓信《かんしん》なんかの言う「迂回《うかい》作戦」かもしれないからねえ。本当に関心がないように、そういう、外交のついでにやっているように見えながら……。

釈　守護霊様として、「韓半島で、在韓米国人だって半分、死ぬかもしれない」という認識がありながら、どうして、ベトナムに行けるのですか。

稲田朋美守護霊　だって、私、核《かく》ボタンも何も持ってないもん、別に。

釈　「国民の命を護《まも》る」という責任は？

●韓信（紀元前３世紀〜同196）　陳勝《ちんしょう》・呉広《ごこう》の乱のころに項羽《こうう》軍に仕《つか》えたが、重用されずに出奔。劉邦《りゅうほう》軍に入ってからは蕭何《しょうか》に見いだされ、大将軍となる。以後、無敵の強さを発揮し、国士無双《こくしむそう》と称えられた。

稲田朋美守護霊　護りようがないじゃん。護れないじゃん。

釈　「血も涙《なみだ》もない」というような印象を与《あた》えますよ。

稲田朋美守護霊　何を言うの。北朝鮮が攻撃を始めたら、五分から十分ぐらいで、もう〝火の海〟なんだから、そんなもん、護れるわけないじゃん。避難できるわけないじゃん。

釈　では、稲田防衛大臣もご関心が強かった、拉致《らち》被害者に関してなんですけれども。

稲田朋美守護霊　そらあ、小さいや。今はもう、百人や二百人の話じゃないんで。

数千から万の単位の話だからね、被害が出るのは。それ（拉致被害者）は、百人ぐらいのもんでしょう？　百か二百の問題でしょう？

今、「五千から一万ぐらいを見殺しにするかどうか」の判断がかかっているけど、私よりも、米国大統領は、「十万人ぐらい犠牲《ぎせい》にする気かどうか」の判断をやってるところだから。

「十万ぐらい犠牲になる可能性がある」っていうんだったら、核攻撃が可能な範《はん》囲《い》内ですよ。このくらいまで行けばね。ただ、百人ぐらいとかだったら、核攻撃できないよね。

稲田氏はまだ能力を隠《かく》しているだけなのか

大川裕太　自民党の方にしては、珍《めずら》しくかなり先を見据《みす》えて分析《ぶんせき》していらっしゃるような気がいたします。

稲田朋美守護霊　ああ、あなた、いいことを言うなあ。

大川裕太　ほかの、岸田《きしだ》大臣や安倍《あべ》首相の様子とまったく違《ちが》うな、と感じているのですが。

稲田朋美守護霊　だって、頭は、私のほうがずっといいもん。

大川裕太　そのご意見は、安倍さんから来ているのですか。

稲田朋美守護霊　安倍さんや岸田さんよりも、私のほうがずーっと頭がいいんだ。

大川裕太　稲田さんご自身の意見ですか。

稲田朋美守護霊　隠《かく》してるんだ、今。能力を隠しているだけだから。

釈　それは、非常に面白《おもしろ》い発言かと思います。

稲田朋美守護霊　そうかねえ。

釈　能力的には、安倍首相や岸田外相と比べて……。

稲田朋美守護霊　そらあ、私のほうが、ずっと上でしょう。

大川裕太　本当ですか。

稲田朋美守護霊　ああ、上ですよ。だけど、いちおう、女性ということで隠してるだけですから。そらあ、そうですよ。

釈　スケールの大きさを自負していらっしゃるということでよろしいんですか。

稲田朋美守護霊　うん、大きいよ。もちろんですよ。だから、私が、何？　ベトナムと？　どこに行くって？

大川裕太　日程の都合《つごう》がつけば、タイにも行かれると報道されていました。

稲田朋美守護霊　ベトナムと、タイと？　ほかには？

大川裕太　とりあえず、ベトナムとタイです。

稲田朋美守護霊　そのへんは、日本人が避難する先だよね。

大川裕太　おお。なるほど。

稲田朋美守護霊　それを確保しなきゃいかんからさあ。要するに、防衛大臣の仕事としては、ベトナムとタイに日本人を避難……。

あのね、「日本人」っていうのは、韓国にいる日本人じゃないんです。日本列島にいる日本人なら、まだ逃げられるんです。旅客機に乗って、タイとベトナムに逃げれば。これも防衛でしょう?

「イージス艦《かん》四隻《せき》とPAC《パック》－3《スリー》三十四基で……?　無理です」

綾織　今、日本に起こることとして、どういうことを想定していますか。

稲田朋美守護霊　国民のなかで、高額納税者を中心に、まず避難させる。

釈　映画「日本沈没《ちんぼつ》」のようなイメージですか。

稲田朋美守護霊　まあ、そうだよねえ。税金を一千万円以上払《はら》ってる人に、いちばん早くＡＮＡとＪＡＬの席は確保して、まずはベトナムかタイに逃がす。

大川裕太　ただ、私はいつも、政府が「万全《ばんぜん》の対策」と言うたびに身の毛がよだつのですけれども。

稲田朋美守護霊　万全でしょう？

大川裕太　たかだか、イージス艦《かん》四隻《せき》とＰＡＣ《パック》－３《スリー》三十四基で、いったい、どれほどの核ミサイルを撃ち落とせる気でいるのだろうかと……。

稲田朋美守護霊　あ、核ミサイルは、もう無理です。それは、もう無理です。それは、上空で爆破《ばくは》しても、もう駄目《だめ》なんで。

大川裕太　しかも、安倍首相も就任当初から、北朝鮮のミサイルが飛んでくるというときに、市《いち》ケ谷《がや》駐屯《ちゅうとん》地《ち》にＰＡＣ-３を二基置いて、これで、「万全な対策」と言っているのですけれども、あれは、せいぜい十キロから二十キロしか届かないわけで。

防衛省内に設置されたPAC-3地対空誘導ミサイル。

弾道ミサイル迎撃能力がある海上自衛隊のイージス艦「ちょうかい」(防衛省提供)。

稲田朋美守護霊　いや、あれが護るのは首相官邸《かんてい》……、「首相公邸」と「皇居」と、まあ、できたら「霞《かすみ》が関《せき》」と「防衛省」は護るということです。

大川裕太　そして、撃墜《げきつい》できた場合にも、重さ百キロの破片が飛んでくるという。

稲田朋美守護霊　うん、それは、民間人は護れません。

大川裕太　そうですよね。

稲田朋美守護霊　だけど、判断機能を持っているところを狙《ねら》ってきたやつだけは撃ち落とす。

大川裕太　なるほど。

稲田朋美守護霊　焦点《しょうてん》は、ほとんど、そこに絞《しぼ》ってあります。

大川裕太　では、やはり、国民に対して、護るとか……。

稲田朋美守護霊　あ、国民は護れません、今のところでは。

大川裕太　でしたら、マスコミに向けて、「護っているアピール」をするのは、いかがなものでしょうか。

稲田朋美守護霊　だって、マスコミは（国民を）護りたくないんだからしょうがない。マスコミが護りたくないんだから、被害が出ないかぎり動かないんで。被害が出たら、急に「対策を取れ」って言い始めるけど、被害が出ないで、それをやろうとすると、すぐに足を引っ張って、政治家を引きずり降ろすから、しかたない。

大川裕太　そうですね。

稲田朋美守護霊　だから、防衛の一策として、まあ、ベトナムやタイに逃げるのも防衛ですから。「護れないと思う方は、どうぞ、お逃げください」っていうことで。

憲法改正に取り組むつもりはあるのか

綾織　今の時点で、憲法改正まで行くかは微妙《びみょう》ですけれども、憲法改正なりに取り組もうというお考えはないんですか。あるいは、自衛隊、国防費を増やすとか。

稲田朋美守護霊　ハックショーン!!（くしゃみ）あんたは、それができると思ってるわけ？

綾織　でも、やるべき仕事ではありませんか。

稲田朋美守護霊　できるわけないでしょう。できるわけないじゃない（笑）。そんなの、長年見てたら分かるでしょう。この国は駄目なんだから。

釈　できるわけないということは、ずいぶん前から分かっていたはずですよね？

稲田朋美守護霊　うん、分かってるよ。

釈　幸福実現党が立党したのが八年前ですけれども、今日のこの日が来ることは十分、分かっていたので、核実験のたびに、また、ミサイルなどの核兵器の運搬《うんぱん》手段が進歩するたびに、何度も何度も警鐘《けいしょう》を鳴らしてきました。

稲田朋美守護霊　うん。

釈　稲田防衛大臣は、野党時代には、「憲法九条改正・核保有」などを言っておられましたけれども、防衛大臣になられてからは、その信念はどこに行ってしまったのかという感じです。

稲田朋美守護霊　でも、防衛費は増額になってるよ。

大川裕太　少しだけですね。ほんのちょっとです。

稲田朋美守護霊　まあ、でも、増額になってるから、いちおう〝前向き〟であることは間違いない。

釈　前向きって……。増額になってはいますけれども。

大川裕太　ほとんど、消費税の増税分と人件費ぐらいですけれどもね。

稲田朋美守護霊　うーん。まあ、そうかなあ。

だから、民間航空機が使えたら、日本人の一部はタイに……。タイあたりだったら、みんな満足するでしょ、逃げてもね。タイなら、しばらく避難できるから。タイとかベトナムあたりにとりあえず逃がして。お米があるからね、そのへんはね。そこに逃がして、自衛隊は逃げないで、国土防衛の任には就《つ》きますから、ちゃんと。

釈　あなたは、どうされますか。

稲田朋美守護霊　えっ？　何が。

釈　あなたは、どうされるんですか。

稲田朋美守護霊　私は、もちろん残りますよ。安倍さんとかが暗殺されたあとは、私がこの国を仕切るつもりで頑張ってますよ。

釈　では、核が落ちるということになった場合、あなたはどうされますか。

稲田朋美守護霊　核が落ちる場合？　それは、いる場所にもよるわなあ。国会議事堂にいる場合は、当然、みんな地下鉄のほうに逃げていくわね。時間的には、それくらいしか……。国会議事堂前の地下鉄に乗るしかない。

大川裕太　確かに、戦時中や冷戦期につくった、秘密の地下鉄の路線があると言われていますけれども。

4　有事における戦況《せんきょう》シミュレーションについて訊《き》く

幸福実現党の八年前からの主張をどう思っているのか

大川裕太　ただ、国民のみなさんは、今、初めて、ミサイルの危機に気づいたわけです。

幸福の科学グループは、幸福実現党立党以来、八年間、正々堂々と言い続けてきたことですけれども、安倍《あべ》政権になっても、政府は、煙《けむ》に巻くようにして、国民やマスコミに対しては「経済」のほうの実績ばかりを強調し、「ミサイル防衛」や「北朝鮮《きたちょうせん》・中国の危機」について、前面に押《お》し出してきませんでした。やはり、このことについて、責任はあるのではないでしょうか。

稲田朋美守護霊　いやあ、それは、君たちにも責任があるんじゃないか？　中途半端《ちゅうとはんぱ》な言い方をして止まってるじゃない。だから、国会議事堂前でね、さらしを巻いて、釈党首が〝切腹〟するところまでやれば、国民も無視できないレベルまで行くんだけどなあ。三島由紀夫《みしまゆきお》パート2、〝女性・三島由紀夫〟が、「このままでは日本は滅《ほろ》びる」と、国会議事堂前で割腹《かっぷく》自殺をやるぐらいまでやれば、ウワーッと……。

綾織　それは、現役《げんえき》の大臣としては無責任ですよ。

稲田朋美守護霊　そうかなあ？

綾織　そんな、他人《ひと》に頼《たの》むなどというのは。

稲田朋美守護霊　うーん。そうかなあ。

綾織　権限を持っているわけですからね。

大川裕太　そうですね。

綾織　今、やるべきことは、いくらでもあると思いますよ。

稲田朋美守護霊　今できることは、ほとんど、まあ、PAC《パック》-3《スリー》のねえ、ミサイルが飛んできたら、撃《う》ち落としてもよいという破壊措置《はかいそち》命令……。でも、二、三十キロしか飛ばねえから、高高《こう》度から来た場合には落とせない。ほとんど落とせない。高いところから落ちてきたら、それは無理だよなあ。落とせないね、どうしても。それと、PAC-3がないところを攻撃《こうげき》された場合は、もう何もできないし。

大川裕太　「大阪《おおさか》には配備されていない」と、大阪の人が悲鳴を上げています。

稲田朋美守護霊　そうなんだ。沖縄辺《おきなわへん》と、東京辺と、あとちょっとしかない。まあ、米軍基地があるところの周辺であれば、多少、撃ち落とすだろうとは思うけども、米軍がないところは危ない。

沖縄は、米軍があるから護《まも》られてるのに、米軍の反対運動をやってるからな。あれも、一回、痛い目に遭《あ》わないと駄目《だめ》かもしらんねえ、ほんとに。

日本は、実戦が始まってからでなければ何もできないのか

綾織　やはり、今、大事なのは、「撃たせないこと」ですよね。

稲田朋美守護霊　そんなことないよ！　撃たせないことでは駄目ですよ。もっとも

っと膨《ふく》らむから。その間に、向こうの軍事力が膨らみ続けるから、撃たせたほうがいい。

綾織　撃たせたほうがいい？（苦笑）

稲田朋美守護霊　撃たせたほうがいいんだよ。撃たせて、それが無能であることを証明するか……。

綾織　うん？　それは、日本がですか？　日本が無能？

稲田朋美守護霊　いや、いや、いや。

「北朝鮮の攻撃力なんて、まったく無能であるということを証明する」か、「撃たせて、反撃されて、あまりの反撃のすごさを見た向こうがホールドアップする」か、どっちか。

綾織　でも、反撃するのは米軍ですよね？　日本は、何もできないですよね？

稲田朋美守護霊　そうですよ。でも、国論としては、実際に、実戦が始まらないかぎり動かないからね。実戦が始まったら、自衛隊が、少々、超《ちょう》法規的措置……。

まあ、私だって、いざというときは、超法規的措置を推進しますよ。

綾織　おお。

稲田朋美守護霊　だって、「実際にやってるじゃないの。邦人《ほうじん》が、五千人殺されたよ。次は、一万人、二万人と行くよ。何もしないでいいわけ？　やっぱり、自衛隊を送らなきゃいけないでしょう」って、そのときだったら言えますよ、そらあ言えるよ。

釈　要するに、「そのときまでは言えない」ということなんですね？

稲田朋美守護霊　そうです。先に言ったらやられる、この国では。

釈　というか、ご自分の信念として、やろうとされてきたことと、今、おっしゃっていることとの乖離《かいり》が大きすぎるので、ちょっとびっくりしているんですけれども。

稲田朋美守護霊　私のほうが、ちょっと現実的で、頭がよすぎるっていう点はあるかもしらん。

北朝鮮《きたちょうせん》は、いちばん弱い日本を狙《ねら》ってくる⁉

大川裕太　韓国《かんこく》では、それでもしかたがないとしても、例えば、稲田さんの選挙区のある福井《ふくい》など、日本海側でさらに原発もあるところといったら、真っ先にミサイルで狙《ねら》われる危険はありますよね。そういうことについての説明はないのですか、それぞれの地域に対して。

稲田朋美守護霊　うーん。だから、北朝鮮《きたちょうせん》の考えを読んでみるとだなあ、いちばん弱いところを狙うと、やっぱり「日本」なんだよ。日本を脅《おど》し上げるのがいちばん効果的なのよ。

米軍を直接対象にしないで、次は、韓国を直接対象にしないで、日本を脅し上げるのがいちばん効果的なんで。「日本の米軍基地もないようなところだって、核《かく》攻撃するかもしれない」ということを言うのが、いちばん効き目は強いはずなんだよな。

釈　例えば、福井の原発等を狙われたら……。

稲田朋美守護霊　そうなったら、原発も何もないよ。原爆《げんばく》が落ちてくるなら一緒《いっしょ》だから。そらあ、もう「何でもあり」でしょうから、言ってられない。

釈　はあ……。

稲田朋美守護霊　ただ、「日本を核攻撃する」となった場合は、逆に言えば、米軍には大義名分《たいぎめいぶん》ができるので、「米軍だって、場合によっては核攻撃までするかもしらん」っていう恐怖《きょうふ》は向こうにだって出てくる。これは〝チキンレース〟で、「どっちが撃つか」っていう問題にはなるけどね。

でも、「日本を攻《せ》める」と言ったほうが、心理的効果っていうか、アナウンス効果は大きいだろうと思うから、それを言い出したらだいたいもうギリギリまで来てるということかと思う。まだ、それを言ってないから。まあ、もうちょっとしたら言うかもしれないけど。

そらあ、韓国との戦争は簡単にできる。両方とも構えていて、いつでも撃っていいような状況《じょうきょう》になってるから、すぐにでも始まるんだけども。

有事の際に自衛隊ができる４つのこと

稲田朋美守護霊　あえて日本を名指しにしたときに、日本が独自に何か言えるかどうかっていうところだけど、向こうはなめとるだろうなあ。

釈　「独自に何をするか」という主体性のところは、防衛大臣として口にするつもりはあまりないんでしょうか。

稲田朋美守護霊　うーん、できることは何かと言うと……。

①後方支援《しえん》と邦人《ほうじん》保護のための韓国《かんこく》出兵

稲田朋美守護霊　一つは、「邦人《ほうじん》保護」の名目で、まあ、北朝鮮にはちょっと上がれないので、韓国《かんこく》に上陸をかけるっていうことはできると思うね。自衛隊が韓国に入って駐留《ちゅうりゅう》することは可能なので。米軍は独《ひと》りで戦うと思うけど、その「後方支援《しえん》」と「邦人保護」の名目で、韓国出兵は一つできるだろうと思う。

②イージス艦《かん》での情報収集

稲田朋美守護霊　あと、艦艇《かんてい》っていうか、船のほう

共同訓練で米原子力空母「カール・ビンソン」と並走する海上自衛隊のイージス艦「あしがら」（左）と護衛艦「さみだれ」（後方）（4月26日、フィリピン海〔米海軍提供〕）。

が、あることはある。これを日本海側に展開して、イージス艦等も使ってですね、米軍との共同作戦ということにはなるけども、多少なりとも、その一翼《いちよく》を担《にな》って、イージス艦等で情報収集をしたりできる。

③対潜哨戒機《たいせんしょうかいき》等での対応

稲田朋美守護霊　あと、海上のヘリコプターが、日本はかなり進んでいるのでね。要するに、対潜哨戒機《たいせんしょうかいき》等で向こうの潜水艦等を潰《つぶ》すぐらいは、比較《ひかく》的やりやすい。訓練もできているところではあるわね。

④ボートピープル対策

稲田朋美守護霊　あとは、北朝鮮から避難民《ひなんみん》がいっぱい流れ出してくる。ボートピープルがいっぱい来ると思うので、ほとんど海上自衛隊は、そのボートピープル対策に追われる可能性が高いとは見ている。

アメリカ軍は、戦いのほうをしなきゃいけないだろうから、日本の自衛隊は、ボートピープル対策のほうが多いかもしれない。

大川裕太　海上自衛隊は出動できるのですか。まだ、「海上保安庁が対処するかどうか」とか、そういうレベルの議論をしているように見えるのですけれども。

稲田朋美守護霊　だけど、向こうは武装してる場合もあるからねえ。難民を装《よそお》って違《ちが》う攻撃を考えていることもありえるので。まあ、両方出なきゃいけなくなるんじゃないかな。戦火を交え始めたら、それは海上自衛隊は出れるでしょうね。

「原発での核《かく》兵器テロ」は防げない

大川裕太　やっぱり自民党の考えとしては、「何か起きてから、こちらが初めて対策を取ることができる」ということかもしれません。

ただ、実際に、核弾頭《かくだんとう》、そしてそれを搭載《とうさい》可能なミサイルを持っている国に対しては、軍事的に言えば、こちらも同等の抑止力《よくしりょく》を持たないかぎり、一方的にやられてしまう可能性が高いわけです。

その点について、幸福実現党は、立党以来、ずっと主張してきました。「迎撃《げいげき》ミサイルだけではどうしても限界がある。対等の抑止力を持たなければならない」と主張してきたのです。

稲田朋美守護霊　だけど、地下核実験だけではですねえ……。まあ、精度が高ければ、地下核実験が成功すれば実戦でもできるという説は強いんだけど、北朝鮮のレベルを考えたら、地下核実験だけでは、本当にいけるかどうか分からないので。ミサイルに弾頭を付けて、実際に着弾させられるのかどうか。

それと、もう一つは、爆弾にして、広島・長崎《ながさき》型の旧《ふる》いタイプかもしらんけど、それを爆撃機のようなもので日本上空から落とせるか、っていう。まあ、この二つのオプションがある。
潜水艦から核ミサイルを発射できるまでの力があるかどうかは、ちょっと分からなくて、最高に進んでたら、そういうこともあるかもしれないけれども。
どちらかといえば、「原発のプラントあたりに、特殊部隊《とくしゅ》が核兵器を仕掛《しか》けた」とかいうような、そんなことをアナウンスしたりする可能性が高いんじゃないかなと思っているんだけどな。

釈　私は、新潟《にいがた》の柏崎刈羽《かしわざきかりわ》原発に行きましたが、「テロ対策は万全《ばんぜん》だ」と言うわりには、驚《おどろ》いたことに、ALSOK《アルソック》などが警備してるんですよ。

稲田朋美守護霊　てっへへへへへ（笑）。

釈　本当に、びっくりしたんですけれども、今こうした事態になるまで放置していた「無作為《むさくい》の罪」といったものに対しては、責任を感じられないのでしょうか。

稲田朋美守護霊　機関銃《きかんじゅう》を持って入ってこられたら、まず警備は無理でしょう。今の日本は、どこでもそうですけど、みんな、警棒とかショックガンとか、電気で痺《しび》れるやつとか、その程度で、金融《きんゆう》機関だろうとどこだろうとやっていますので。

実際に人を撃ち殺すのを、みんな、想定していない。軍事的に侵攻《しんこう》してくるようなところまでは考えていないので。

でも、自衛隊が到着《とうちゃく》するにはちょっと時間がかかるわね、現実には。

釈　結局、テロ対策にしても、今のご時勢だと、自衛隊が動かなければいけない段階に来ているかと思います。

稲田朋美守護霊　だから、今、「●共謀罪《きょうぼうざい》」のやつもやっていますけどね。

●共謀罪　新設が国会審議されているテロ等準備罪のこと。組織的な犯罪集団が、テロなどの重大な犯罪を計画し、その準備行為を行《おこな》った場合、計画者全員を処罰するというもの。政府・与党は2017年5月中の成立を目指している。

ただ、日本の場合は、ある程度、リードタイムっていうのかな。あらかじめ、共謀をやって、組織犯罪をやろうとか、テロをやろうとかしているのが分かっておれば、準備ができるんだよ。例えば、何カ月か前から情報をつかんでいて、「こういうのが起きる可能性がある」というので準備しとればできるけど、起きてからあとの対策は、一日でできるようなことはない国であって、（映画）「シン・ゴジラ」と同じ状態なんで。

だから、もし、原発を武装集団に占拠《せんきょ》されたとしても、警察じゃ勝てない。たぶん勝てないと思うけど、自衛隊を出動させてやるとなったら、やっぱり、けっこう厳しいものはあるだろうね。

自衛隊といっても、ほとんど、ゴム弾か何かを撃ってね、実戦訓練っていう意味では、人を殺す訓練をしていないので。「実際に人を撃つ」っていうのは違うからね。ゴム弾で撃ってるから、ほぼ。

5　マスコミ世論《せろん》で国家が滅《ほろ》びないための稲田氏守護霊の策

国会で涙《なみだ》を流した場面は「ウソ泣きだよ」

綾織　非常に軍事的な知識も豊富で、そういう発想の仕方もされる方なので、ちょっと驚《おどろ》いているのですけれども。

稲田朋美守護霊　うん、驚いてください。

綾織　冒頭《ぼうとう》で、大川総裁が、稲田大臣があまり目立たない理由を幾《いく》つか挙げられましたが、実際のところは、〝仕事ができないふり〟をしている状態なのでしょうか。あるいは、「今は、やっても無駄《むだ》だから動かないほうがいい」というふうに考えられているのでしょうか。

稲田朋美守護霊　日本のねえ、この空気のような支配体制だと、防衛大臣が突出《とっしゅつ》して意見を言った場合、ここだけが〝生贄《いけにえ》になる〟のは確実なので。やっぱり、本当に責任を持とうと思ったら、そらあ、「水面下で粛々《しゅくしゅく》と準備をしとかないといかん」っていうことだと思うので。

綾織　水面下で、やることはやっていらっしゃるわけですね？

稲田朋美守護霊　だから、私が言葉に出して言うと、北朝鮮《きたちょうせん》だって挑発《ちょうはつ》しますからね。「わが軍は全面戦争を辞さないであろう」って、北朝鮮みたいなことを防衛大臣が言ったら、いちおう相手は本気にしますから。

綾織　以前、国会でいろいろな追及《ついきゅう》を受けて涙《なみだ》を流される場面がありましたが。

稲田朋美守護霊　いちおう、〝女になっとる〟からね、今ね。

綾織　（笑）あれも、計算したものなんですか。

稲田朋美守護霊　ウソ泣きだよ、ほとんど。

綾織　あ、そうですか（笑）。

釈　ウソ泣きなんですか。

稲田朋美守護霊　泣いたりしねえよ。

綾織　それはすごいですね（笑）。

釈　最近、稲田大臣もマスコミに追いかけられているようです。

稲田朋美守護霊　そうだよ。

釈　「不動産八件所有で総額十億円」など、そういう報道も出てきています。

稲田朋美守護霊　しょうもない話さ。

大川裕太　「森友《もりとも》学園の籠池《かごいけ》理事長に感謝状を贈《おく》っていた」という話もあります。

稲田朋美守護霊　もう、ちっちゃい話だな。

大川裕太　まあ、そうなのですが。

稲田朋美守護霊　そういうので足をすくってくるだろう？　だから、やることがね、みんな、せこいんだなあ。そんな細《こま》かいのばっかりが来るからさあ。

昨日《きのう》、「大震災《だいしんさい》が東北でよかった」って言った人がいたけど、あれは事実じゃないか。

釈　はああ。

稲田朋美守護霊　事実、「東北だったから、被害《ひがい》が二十五兆円とかで済んだ」とか言ってるんだけど。

綾織　ただ、あの場で言うのは、ちょっと無神経すぎますよね。

稲田朋美守護霊　いや、もう過去の話だからね。

「ギリギリまで文民統制《ぶんみんとうせい》をしているように見せるのが仕事」

釈　お話を聞いていると、「今の日本人お一人おひとりの命を絶対に護《まも》る」というような信念よりも、何か別の方向性というか、戦時中の全体主義的な発想が強い感じがするんですけれども。

稲田朋美守護霊　だからね、ギリギリまで、いわゆる文民統制《ぶんみんとうせい》をしているように見えないといかんのよ。シビリアン・コントロールを。そういうふうに見せるのが仕事なので、私が（防衛省の上に）〝乗ってる〟っていうことは。

綾織　はあ。

稲田朋美守護霊　防衛省だけが暴走するとか、自衛隊が暴走するみたいな感じに見えてはいけないので。いかにも暴走していないように、まったく防衛の専門家でない人が統制をしているように見せるのが仕事なんで。
　だから、あんまり好戦的に見えたらよくないのよ、今のところ。

大川裕太　われわれとしては、防衛大臣や総理大臣が軍人の魂《たましい》でもいいのですが、「勝てる軍人なのか、負けるほうの軍人なのか」が、けっこう重要だと思うんですよね。

稲田朋美守護霊　それは、ハッハッハッハッ（笑）。やってみないと分からんからねえ。

だけど、「邦人《ほうじん》をタイやベトナムまで逃《に》がそうか」っていうところまで考えてるのは、けっこう先まで頭が回ってるでしょう。(釈を指しながら)あんたは回っていないでしょう、頭がそこまで。あんたは戦争することしか考えてないけど、私はちゃんと退避《たいひ》することまで考えてるんだから。

釈　こちらは、「戦争しない方向」のことを考えているんですけれども。

稲田朋美守護霊　ほんとかねえ。あんたらのほうは、「ミサイルをつくれ」って言うだけでしょう?

釈　ええ、抑止力《よくしりょく》として。

稲田朋美守護霊　間に合わない。

釈　ミサイルは必要だと思うんですけれども。

稲田朋美守護霊　間に合わないよ、もう。

大川裕太　ただ、間に合わなかったのは自民党の責任ですよね。

稲田朋美守護霊　うーん、間に合わないよ、はっきり言って。軍需《ぐんじゅ》産業だって、つくるのなかなかやれないんだから、今。

釈　防衛大臣としては、「九条を改正しないと国民は護れません」と、今、はっきり言わなければいけないのではないでしょうか。

稲田朋美守護霊　いや、そんなのでもった防衛大臣なんか、いやしないよ、今まで。平和時だったら、それ全部、更迭《こうてつ》事由になるから。

綾織　逆に言うと、いろいろなことが起こって、被害が出てから、そのあと、しっかりと国民を説得しようと考えているんですか。

稲田朋美守護霊　それを、する気はあるんだけど。その前の〝今の段階〟では、要するに、軍事力でないように見せながら、実質上の軍事力の部分を整備していくし、防衛力でないように見せながら、実質上の防衛力のほうを強化していく。

それを、上手にマスコミをかわしながら進めていかなきゃいけないんで、実質的には。

日本として果たすべき使命をどう考えているのか

綾織　では、事が起こって、国民の意識も変わってきたときには、何をやろうと考えておられますか。

稲田朋美守護霊　うーん。まずは、逃げたい国民を、かつての大東亜共栄圏《だいとうあきょうえいけん》に当たる部分に退避させる。そして、残った、戦う気がある人は、自衛隊と共に戦って国防する。

だから、「自衛隊」と「幸福実現党」しか残っていない可能性が高いから、「自衛隊」と「幸福実現党」で、日本海の海岸線を護《まも》ろうじゃないですか。

大川裕太　いや（苦笑）、われわれも護る気はあるのですが、もう少し戦略的に考えなければいけないと思います。例えば、自民党政権時代に、「防衛費の二倍増」

とか、「北京《ペキン》ぐらいを射程距離に入れた中距離弾道弾《ちゅうきょりだんどうだん》をつくる」とか、そういうことをしていかないと……。

今は、北朝鮮の危機だから、まだいいのですが、あと五年もしたら中国との全面戦争になるかもしれません。そのときに、この体制では、国が〝焼け野原〟になりますよ。

稲田朋美守護霊　まあ、君たちの努力の結果、まさかのトランプ政権が出来上がっておるから、これは、そうは言っても、あれじゃないか？　セコムやＡＬＳＯＫ《アルソック》よりは、かなり用心はよくなったんじゃないかなあ。彼は、キレたら一日で判断すると思うから。

綾織　次は日本ですよね。日本がどう動くかのところですよね。

稲田朋美守護霊　まあ、最後はアメリカのなかに入れてもらうしかないなあ。

北朝鮮《きたちょうせん》の実際の戦力と、有事における米軍の三段階攻撃《こうげき》

綾織　（苦笑）先ほどのお話からすると、何となく、「ちっちゃな島を一個、玉砕《ぎょくさい》戦法で護る」みたいな、そういう雰囲気《ふんいき》も漂《ただよ》ってくるんですけども。

稲田朋美守護霊　まあ、北朝鮮《きたちょうせん》が口だけで言ってるけど、それが実際どの程度の戦力かは、何十年か前の戦い（朝鮮戦争）以外、分からないんで。あのときは中国軍が来てたし、兵器が今とはちょっと違《ちが》うんでね。

だから、戦車だってほとんどが中古車だとか言う人もいるし、潜水艦《せんすいかん》だってほとんど潜水艇のレベルだって言う人もいるしねえ。どの程度、精度があるかどうか、やってみなきゃ分からん。

やってみたら、この前のサダム・フセイン軍みたいな感じで、「何？　これが反《はん》

撃《げき》なわけ?」っていうぐらい弱い可能性もあるし、意外に強い可能性もあるし、ちょっとまだ分からない。何十年も〝剣《けん》を抜《ぬ》いていない〟から、分からないんですよね。それを読まなきゃいけないいんだけども。

今のところ、米軍は戦うと思うが、日本の使命のいちばん大きなものは、米軍の補給と継戦《けいせん》能力を高めるためのバックアップ機能、〝不沈空母《ふちん》〟だな、いわゆる。〝不沈空母〟機能がいちばん高いでしょうな。

だから、空母自体は二隻《せき》出しても、まあ、沈《しず》められるときは沈められるかもしらんけど、日本国内の基地から発進する米軍自体は止められないだろうからなあ。

向こう(北朝鮮)が、全部同時に日本の米軍基地を攻撃《こうげき》するっていうんだったら、それはもう玉砕覚悟《かくご》ということになるわな。「二千数百万の北朝鮮人民、皆殺《みなごろ》しでも構わん」という覚悟までしなきゃいけないから、そういう覚悟でカードを切った場合は、(北朝鮮国内で)クーデターだって起きる可能性は十分にあるので。「われわれは死にたくない」っていうのは、それは思うわな。

だから、ああやって強気なことを言えば言うほど、国民のほうは、「本当に米軍が攻《せ》めてくるんだったら、負けるんじゃないか」と思ってるから、中国に逃げようとする人や韓国《かんこく》に逃げようとする人がいっぱい出てくるから、実際上、戦闘《せんとう》状態にならない可能性がある。米軍の攻撃を三日も受けたら、もう逃走《とうそう》し始める可能性、壊滅《かいめつ》状態になる可能性はかなり強い。

自衛隊自体の戦力がそう強いかどうかは別として、そういう継戦能力を高める機能を十分持っとれば、ある意味で、武器・弾薬だって日本から補充《ほじゅう》できるからね、米軍にね。アメリカ本土から来なくても補充できるので。

アメリカは、まず空母か潜水艦から「第一波攻撃」をするとして、「第二波攻撃」では、グアムからB2ステルス爆撃機《ばくげきき》を飛ばしてきますから。

第二波は、まったくレーダーに映らない爆撃機で、たぶん、高度一万メートルの上空から〝雨あられ〟と（爆弾を）落とすことになりますのでね。

「第三波」は、もう一段、地上兵力を根こそぎ飛ばすようなことをするだろうとは思いますけど。
まあ、戦闘的には米軍の戦闘でもう十分なはずなんですよ、北朝鮮に関してはね。

綾織　なるほど。

稲田朋美守護霊　ただ、韓国と混戦状態で〝ドロドロ〟になってる場合、それと、ボートピープル、邦人保護等のところについては、やっぱり、自衛隊でイニシアチブを取ることが大事かなあと思ってますけどね。うーん。
「憲法九条の改正のためには、多少の砲弾《ほうだん》が飛び交《か》わないと無理」

綾織　安倍《あべ》首相は、稲田さんのことを「今後の有力な首相候補」というふうにお考えになっていると思うんですよね。

稲田朋美守護霊　いや、それは、「ヒラリーが大統領になるのだったら」ということではあったわけで、「世界の流れがそうだったら」ということだった。だけど、ヒラリーさんがなれなかったんで、急にしぼんでるんじゃないですか。

綾織　朝鮮半島の有事というのは、どこかの時点で何らかの決着がつくとは思うんですけれども、今後、稲田さんが首相になられるというようなことであるならば、「中国に対してどういう考え方で臨《のぞ》んでいくか」というところが大きくなるかと思います。

稲田朋美守護霊　中国はちょっとだけ〝手強《てごわ》い〟わなあ。まあ、でも、中国に関しては、軍事的には今すぐどうにもならないところはあるので、まずは外交で包囲網《ほういもう》をつくるのが優先されるわね。

次に中国にとっての〝最大の敵〟となるのはインドだろうから、「インドとの外交」、および、「中国の侵略《しんりゃく》の脅威《きょうい》にさらされているアジア諸国との外交・貿易面、あるいは投資面での交流を盛《さか》んにすること」と、あと、「ロシアをどういうふうに扱《あつか》うか」っていうところ。

こういう包囲網をまず外交的につくることは先決でしょうが、軍事的対決だけということで、核弾頭《かくだんとう》を含《ふく》む弾道弾、ＩＣＢＭ（大陸間弾道ミサイル）を日本につくるということになりますと、さすがにこれは、単なる刑法的《けいほう》な正当防衛の範囲《はんい》を超《こ》えていると思われるので、やっぱり、憲法九条の改正は視野に入れなきゃいけない。でも、「憲法九条の改正」をするためには、少し砲弾《ほうだん》が飛び交《か》わないとちょっと無理かなと、基本的には思ってるので……。

綾織　それは、今回の話ですか。

稲田朋美守護霊　北朝鮮でちょっと、「実戦というのが現にあるんだ」ということがテレビに映るところを見ないと、国民の意思が変わらないんじゃないかなあ。

6　国家存亡の危機を回避《かいひ》するための方策とは

「日本の核《かく》兵器保有」に対する見解を問う

大川裕太　ただ、内閣法制局の最新の見解によると、「憲法九条では核《かく》兵器の保有は禁止されていない」そうです。

稲田朋美守護霊　ああ、まあ……、「肯定《こうてい》されている」とは言ってないよね。

大川裕太　はい。

稲田朋美守護霊　「（禁止）されていない」と言ってるだけなんで、まあ……。

大川裕太　あなたが首相になったとき、「日本は核兵器を持つ」という決断ができますか、それともできませんか。

稲田朋美守護霊　首相になったとき？

大川裕太　はい。

稲田朋美守護霊　（約十秒間の沈黙《ちんもく》）うーん、まあ、最高機密でやるしかないでしょうねえ。

釈　稲田氏は、自民党が野党時代には「九条改正・核保有」ということも言及《げんきゅう》されていたのですが。

稲田朋美守護霊　まあ、政治家としてはギリギリまで隠《かく》すしかないけども。うーん、今ちょっとね、秘密保護、だいぶ厚くなってきてるから、これ、できるだけいっぱいいっぱい使わないといけないでしょうね。だから、完成できるまでは、やっぱり、言っちゃ駄目《だめ》ですね。

軍事的には、「つくっている」、「これからつくります」って言うのは、バカげていることなので。それこそ、「防衛」のために先制攻撃《こうげき》されたらたまりませんから、完成できるまでは、それは隠さなければいけない。だから、できるだけ、のらりくらりしながらやらないといけないけど、そらあ、準備する必要があればやりたいなとは思っていますが。

今回、朝鮮《ちょうせん》半島はどういうかたちで落ち着くか。世界がこれで核武装排除《はいじょ》で、オバマさん時代の感じ？　同じ安倍《あべ》さんがやってるんだけどね。オバマさん時代のような感じで、「核のない世界」へと……。北朝鮮のように核武装しても、有効に国のほう、〝雪解《ど》け〟を護《まも》れない無力さみたいなのが出てしまって、「核のない世界」のほうに行く可能性も、ないわけではない。それだったら（核武装）する必要がないから、やらなくていいんだけど、「やっぱり、これはしないと駄目だ」っていうことだったら、あれだし。

あるいは、北朝鮮の最後によっては、「核武装しても無駄だ」ということになるかもしれないので。「核武装をしていたために、あんなふうに国がなくなってしまった」ということになった場合は、持っていないほうが有利なこともある。降伏《こうふく》すれば済むだけのことだけど、「持っていたら殲滅《せんめつ》される」っていうことだってありえるという結果が出た場合にね、核兵器が有力な国防の手段になるかどうかは分からないということはあるわね。うーん。

サイバーテロ対策は「ローテクでやるしかない」？

大川裕太　また、中国からのサイバー攻撃に対して、日本がまったく無策であると、よく言われるのですけれども、これについて、防衛大臣守護霊としてはどういうご意見でしょうか。

稲田朋美守護霊　うーん……。（約五秒間の沈黙）サイバーテロかぁ。うーん……。まあ、確かに中国は、多少、日本語が読める人も多いからねえ。

大川裕太　はい。

稲田朋美守護霊　いろいろな研究をしている層が、ちょっと厚いことは厚いとは思うんだけど、うーん。

このへんがちょっとまだ遅《おく》れてはいるかな。まあ、どうしようもないんだけどね。コンピュータ系のほうから攻撃を受けた場合、「それに対して日本はどれくらいまでバックアップシステムができているか」っていうところが、私にも分かりかねるものがあることはあるんだけども。アメリカでサイバーテロをやられるぐらいだったら、ちょっと、なかなか防げるものではないところがあるので、まあ、その場合は、もう、ローテクでやるしかないね。

釈　トルコではパイプラインが爆破《ばくは》されたりしており、これもサイバーテロではないかと言われていますけれども、いわゆる「第五の戦場」ということで、そのあたりの防衛もしっかり考えなければいけないかと思います。

稲田朋美守護霊　うーん。

尖閣《せんかく》・台湾《たいわん》方面が侵攻《しんこう》され、核《かく》で恫喝《どうかつ》されたら日本はどうするのか

釈　それから尖閣《せんかく》諸島、あるいは台湾《たいわん》のあたりに関してお伺《うかが》いしたいのですけれども、防衛大臣としては、今、中国はどのような方向に向かっていると思われますか。

稲田朋美守護霊　うーん……。尖閣に上陸？　今はちょっと、北朝鮮が問題になっているときに中国が来るとまでは思えないけど。いずれ上陸してくる可能性がないとは言えないと思うんだが。

まあ、尖閣に上陸したら、攻撃《こうげき》命令は出します。

釈　うーん。

稲田朋美守護霊　それは出します。「排除せよ」と。

釈　では、そのとき中国のほうから、例えば、核《かく》で恫喝《どうかつ》された場合にはどうなさいますか。

稲田朋美守護霊　尖閣から追い出されただけで、核攻撃というのはできないと思いますね。今の感じではできないと。それでは、ちょっとできないんじゃないかと思うけどねえ。

うーん。そら、恫喝はあるかもしれないけども、うーん……。

大川裕太　中国の毛沢東《もうたくとう》は、「私にとって外交上の最大の失敗は、北朝鮮、朝鮮戦争に肩入《かたい》れしすぎたために、台湾を併合《へいごう》する機会を失ったことだ」ということを述《じゅっ》懐《かい》しているのですが、そのような戦略から見れば、習近平《しゅうきんぺい》は、アメリカが北朝鮮問題で膠着《こうちゃく》しているときに、一気に台湾のほうを攻め取りに来る可能性もないとは言《い》えないですよね。このあたりについて、どう思いますか。

稲田朋美守護霊　台湾に関しては、投資を増やしたりして彼らの防衛を支える面とか、もうちょっと外交的にも……。

まあ、個人的にはねえ、独立した感じになってほしいなとは思っておるんだけど、それが、彼らが〝生贄《いけにえ》〟になるスタイルになるかどうか、ちょっと分かりにくいところではあるんだがな。

釈　例えば、中国が武力で台湾を併合するというかたちになった場合には、日本はどうするべきだと思いますか。

稲田朋美守護霊　台湾を武力で？　まあ、基本的には同じで、「米軍の出動はたぶんある」とは思うんだけど、「共同軍事行動を取る」っていうことだと思うんで。米軍は出ないのに、単独、日本だけで台湾に出すっていうのは、ちょっと難しいかなあ。

釈　その場合、日本のシーレーンが非常に厳しいものになりますけれども、それでも、単独では動かず、たとえ、そういう状況《じょうきょう》になったとしても、米軍が動かなかったとしたら、日本は動けないと。

稲田朋美守護霊　いちおう、アメリカ本土がまだ安全であるならば、そらあ、アメリカの側から石油とかは入ってくると思うから。すぐ死活問題にはならないと思うけどね。それは大丈夫《だいじょうぶ》だと思うんだけど、しばらくは。

稲田防衛大臣が緊縮《きんしゅく》財政的な考えを取っている理由は？

綾織　軍事的な部分についての見識が非常に高いように思うのですけれども。

資源やエネルギーの多くを外国からの輸入に頼っている日本にとって、シーレーンの安全確保は重要な課題となっている。

稲田朋美守護霊　いや、おほめいただいてありがとう。

綾織　ただ、稲田さんご本人がそうなのかもしれませんが、党政調会長をされていたときに、「消費税増税や、財政再建をしないといけない」ということで、緊縮《きんしゅく》的な考え方を取るなど、財務省が言っていることの代弁をされていました。もし、本当に首相になるようなことになりますと、この部分が心配だと思うところもあります。

稲田朋美守護霊　うーん。

綾織　こういうお金の面は、やや不得意なのでしょうか。

稲田朋美守護霊　まあ、「軍事費の増大」と、「税収の問題」ねえ。このへんは難しくて、戦時経済体制っていうのは、基本的には、だいたいみんな赤字になるからね。戦時国債《こくさい》を出して国が赤字。（国が）滅《ほろ》びたら、結局、元も子もないから。

綾織　うーん。

稲田朋美守護霊　「滅びる」よりは、みんなに国債を買ってもらって、国は借金のままでも、要するに、「戦いに勝てば、国は残る」からね。

あとは、「同盟国をつくって、そこから資金を募《つの》る」っていうやり方は昔からあるからね。まあ、できるとは思うんだけど。

とにかく、国のムードを変えないかぎりはどうにもならんだろうね。

綾織　これは「戦時経済」を想定されているんですね？

稲田朋美守護霊　ええ。しています。

綾織　ああ、そういうことですか。

稲田朋美守護霊　だから、全体として、法律もそちらの方向に向かってるでしょう？　だいたい、「戦時経済」をつくれる方向に外堀《そとぼり》を埋《う》めていってるから。今、戦時経済、「統制経済」のほうに向かっていると思います。

綾織　なるほど。

釈　いざというときは、国民の資産からもさらに税金を取るという「死亡消費税」などという考え方も出てきたりしているんですけれども、それも当然のことなのでしょうか。

稲田朋美守護霊　いや、それはもう、全財産を巻き上げられるぐらいの覚悟《かくご》でやらないと、戦争なんかできません。

戦時態勢では「贅沢《ぜいたく》してる場合じゃない」

釈　「自由」についてはどうお考えなのでしょうか。

稲田朋美守護霊　ああ、戦争が終わったあと、考えます。

釈　はああ……。

稲田朋美守護霊　戦争が終われば……。いつかは終わるでしょうから、「自由が来る」でしょう。

綾織　うーん。それは、あなたが防衛大臣なり、もしかしたら首相なりで活躍《かつやく》されているときは、もう、そういう戦時態勢でやっていくということなんですね？

稲田朋美守護霊　とにかく、財産を持ってるところは全部出していただきますよ。

釈　いや、非常に窮屈《きゅうくつ》な世の中になりそうですね。

稲田朋美守護霊　しかたないじゃない。そんなもん、贅沢《ぜいたく》してる場合じゃないでしょう？

大川裕太　読売新聞の渡邉恒雄《わたなべつねお》主筆は、「フランスがインドシナ戦争において戦費の調達に困ったときに、相続税をかけない国債（ピネー国債）というものを特別に出したところ、それがバカ売れして、フランスは一気に戦費を調達することができた」という話を強調しているのですけれども、例えばそのような発想は、自民党にはないのですかね。

稲田朋美守護霊　うーん……、もう、いざとなったら、〝徳政令《とくせいれい》〟で、全部〝チャラパー〟にしてしまえばいいいんじゃないの？

大川裕太　（苦笑）

稲田朋美守護霊　民間の借金は残っても、政府の借金はなしにするっていう。

稲田防衛大臣は将来の首相を目指しているのか

釈　いや、何だか、戦争が来ることを待ち望んでいるような感じですね。

稲田朋美守護霊　いやあ、いちおう、それは備えてますよ。そのつもりですよ。だから、私はまだ政治生命は十年あると見て、いちおう……。

綾織　首相を目指されているんですね？

稲田朋美守護霊　もちろんです。

綾織　おお、なるほど。

稲田朋美守護霊　もちろんです。

大川裕太　〝自民党の寿命《じゅみょう》〟はどのくらいなのでしょうか、稲田さんにとっては。

今後ずっと、自民党が政権を続けられるとお思いですか。

稲田朋美守護霊　いちおう、その方向で考えてはいますけどね。やっぱり、それは。引っ繰《く》り返しても、野党があれじゃあね。今、野党からの逃亡者《とうぼうしゃ》が相次いでいるので。公明党は全然国防の役に立ちません。

あなたがたは、今のところ、全国の市町村を押《お》さえるので精一杯《せいいっぱい》の状態で。国防とか言っても、もうほとんど自警団とか消防団のほうのをやらなきゃいけないレベルでしょうから。

釈　いやいや、もう、この国をいざというときに浮上《ふじょう》させるために、準備をしているんですけれども。

稲田朋美守護霊　うん。

7　稲田防衛大臣の転生《てんしょう》と今世《こんぜ》の使命

釈　「日本防衛を使命として生まれてきた」という魂《たましい》の前世《ぜんせ》は？

釈　今の時代に生まれてきた狙《ねら》いといいますか、ご自分の人生で何をなさりたいのかといった使命については……。

稲田朋美守護霊　いや、やっぱり、「日本防衛」を使命にして、生まれてきてますよ、うん。

釈　「日本防衛」を使命に？

綾織　これは、ご自身の〝リベンジ〟なんですか。

稲田朋美守護霊　うん、〝リベンジ〟だね。

綾織　〝前回の人生のリベンジ〟？

稲田朋美守護霊　〝リベンジ〟で。うん。

綾織　前回も防衛をされたわけですよね？

稲田朋美守護霊　うん。

大川裕太　前回は、「勝った軍人」のほうですか、それとも「負けた軍人」のほうですか。

稲田朋美守護霊　負けたほうだ。

大川裕太　負けたほう？

稲田朋美守護霊　うん。

大川裕太　どういう負け方をされたほうですか。

稲田朋美守護霊　うーん（約三秒間の沈黙《ちんもく》）。

大川裕太　飛行機で撃墜《げきつい》されたほうですか？

稲田朋美守護霊　うーん……、特定しようとしてるな。

大川裕太　はい。

稲田朋美守護霊　まあ、私は〝初めてじゃないんだ〟っていうことだな、（幸福の科学に）来たのは、実は。

釈　もうすでに霊言《れいげん》を録《と》られた方のお一人ということですね。

稲田朋美守護霊　ああ、だから、〝目覚めた〟。

質問者一同　目覚めた？

稲田朋美守護霊　うーん、ここでな。ここで目覚めた。

大川裕太　山本《やまもと》五十六《いそろく》？

釈　山本五十六ですね。

稲田朋美守護霊　そうだよ。

大川裕太　おお。

稲田朋美守護霊　ちょっと眠《ねむ》っとったがな。うん。

山本五十六《やまもといそろく》（1884 ～ 1943）

海軍大将。第二次世界大戦時の連合艦隊司令長官。1919 年にアメリカ駐在員として渡米し、欧米諸国の実態を視察。その後、海軍航空本部長、海軍次官などを歴任して、1939 年に連合艦隊司令長官に就任した。

1941 年、ハワイ真珠湾攻撃を指揮して成功させるも、翌年のミッドウェー海戦では大敗。このとき、山本が座乗する戦艦「大和《やまと》」は機動部隊の後方を航海し、米軍とは交戦しなかったことが批判の的になった。1943 年 4 月 18 日、前線視察に向かう途中、ブーゲンビル島上空で米軍機に撃墜されて戦死。死後、元帥《げんすい》の称号が贈られた。

なお、山本は開戦前、当時の首相だった近衛文麿《このえふみまろ》に日米戦争の見通しを尋ねられた際、「それは是非やれと言われれば初め半年や 1 年の間は随分暴れてご覧に入れる。然《しか》しながら、2 年 3 年となれば全く確信は持てぬ」と答えており、日米の開戦には反対していたと言われている。

大川裕太　はい。

綾織　このへんは、霊的には不思議な状態ですね。

稲田朋美守護霊　うん。そういうことはあるんだよ。だからね、リベンジっていうのはあるから。やっぱり、〝リベンジ要員〟で出てきているんで。

「まもなく開戦だから、その準備に入っている」

綾織　事実関係でいきますと、山本五十六さんはブーゲンビル島上空で搭乗機《とうじょうき》が襲撃《しゅうげき》されて亡《な》くなったと伺《うかが》っています。

稲田朋美守護霊　要するに、悪事を働いて地獄《じごく》へ堕《お》ちたわけじゃないので。故障しておる〝事故車〟の扱《あつか》いだから、別に、次の魂《たましい》は出てこられる。

綾織　ああ、なるほど。

七年前（二〇一〇年）の霊言だったと思うのですけれども、当時、山本五十六さんは眠っていた状態だと……（『マッカーサー 戦後65年目の証言』〔幸福の科学出版刊〕第3章参照）。

稲田朋美守護霊　いや、完全に目覚めている、今。完全に目覚めた。

綾織　稲田さんとしてお生まれになったのは、一九五九年ですね。守護霊が目覚めていない状態のときに、お生まれになったわけですか。

『マッカーサー 戦後65年目の証言』（幸福の科学出版刊。第3章に山本五十六の霊言を所収）

稲田朋美守護霊　うん。〝リベンジ要員〟で出てきているんで。

釈　では、山本五十六というお名前で生きた魂は、今は天上界《てんじょうかい》の高天原《たかまがはら》に……。

稲田朋美守護霊　今、あんたの前に座《すわ》ってるじゃないか。

釈　ええと、霊界《れいかい》のどのあたりにいらっしゃるんでしょうか。

稲田朋美守護霊　うん？　だから、あんたの前にいるんだよ。

釈　いや、あの世のお友達はどのあたりで……。

稲田朋美守護霊　友達？　友達なんて考えている暇《ひま》はないんだから。今、戦時態勢なんだからさあ。

釈　あっ、まだ戦時態勢という意識で……。

稲田朋美守護霊　いや、今、この国は戦時態勢の準備をしなきゃいけないんで。まもなく開戦だから、その準備に入っているから。

稲田氏守護霊は中国・北朝鮮《きたちょうせん》と戦えるのか

綾織　今日、お話をお伺いした範囲《はんい》でも、少し腰《こし》が引けているところもあるかなと。

稲田朋美守護霊　いやあ、腰は引けてはいないけども。まあ、「国家滅亡《めつぼう》の際には、やっぱり、いちおうは退避《たいひ》行動もちゃんと考えておいたほうがいい」とは思うが……。

釈　退避行動を……（苦笑）。

稲田朋美守護霊　「アメリカと戦わないんだったら、滅亡までは行かないだろう」とは思っているということだなあ。

綾織　前回の人生の一つの反省点を挙げるとすれば、例えば、ミッドウェー海戦で戦艦大和《せんかんやまと》が戦場からかなり後ろのほうにいたこととか。

稲田朋美守護霊　いや、いや、いや、いや、いや、いや。それはねえ、それは君、やっぱりね、前回の戦いだって、「北朝鮮《きたちょうせん》と戦え」とか「中国と戦え」っていうんだったら、別に何の恐《おそ》れもない。それは、簡単に赤子《あかご》の手をひねるように、あっという間に占領《せんりょう》してしまってますから、簡単ですよ。

アメリカがちょっと強すぎたんで。それについては、最初から分かってたからさあ。「一、二年は暴《あば》れる。それ以後はもたない」っていうのは分かっていたけど、今回は違《ちが》うから。

だから、アメリカのほうが無傷で残っている状態なら、食糧《しょくりょう》的にもエネルギー的にも補給は十分なので、今度は、負けはしない戦いはできる。

大川裕太　稲田さんの後援会《こうえんかい》（「ともみ組」）の会長をされていた故・渡部昇一《わたなべしょういち》先生などは、「山本五十六は、もしかしたら運のない方だったのではないか」というようなことを……。

稲田朋美守護霊　いやあ、それは、ここで霊言が出てから急に考え方を変えただけなんで。ここの霊言が出てから、「これはちょっと駄目《だめ》かな」と思ったらしいので、ちょっとそれは、〝いけないい出方〟であったかなあ。

いや、あの（戦死した）ときだって、率先垂範《そっせんすいはん》でね、やっぱり、「前線にまで行って激励《げきれい》しようとした気持ち」が半分と、あと、「もう、どうせ負けるから、早めに死んだほうがええかな」と思ったのと、両方あるけどね。

釈　何か前回と同じように、やや投げやりな雰囲気《ふんいき》が漂《ただよ》っていらっしゃるので。

稲田朋美守護霊　そんなことはないですよ。いやあ、二年ぐらいだったら私だって戦えますよ。

釈　ああ……。

稲田朋美守護霊　二年ぐらいならね。それから先はちょっと無理かもしらんが。

次の中国に備える意味で「今、国体が変わったほうがいい」

大川裕太　少しお伺いしたいのですけれども、第二次世界大戦で亡くなられた軍人のお友達は、今、生まれていらっしゃいますか。

釈　そういう人たちは、安倍《あべ》政権の閣僚《かくりょう》だったような方とか、一緒《いっしょ》にやっていらっしゃった方に、けっこう多いんですか。

稲田朋美守護霊　うーん……、そんな偉《えら》い人はあんまりいないような気はするが……。

いざ戦時態勢になると、人材はガラッと入れ替《か》わるから。違うメンバーに替わるから。「平時」と「戦時」とで、必要とされる人材はまったく変わってくるからね。まあ、そのときに出てくる人は、必要な人が出てくる。

綾織　評価されているような方はいらっしゃいますか。あるいは、目をつけているような方とか。若手にいるのでしょうか。

稲田朋美守護霊　うーん……。まあ、今はもう、「大川総裁の予言」さえあれば十分なんじゃないの？

釈　あっ、なるほど。大川隆法総裁に対しては、どのようにお感じになっているのでしょうか。「ここで目覚めた」ということで……。

稲田朋美守護霊　いやあ、やっぱり、こういう人が一人いるかいないかで、国の命運は変わる可能性があるから。トランプを立てて……、あれも国防の一環《いっかん》でしょ？　トランプさんに立ってもらわないと、オバマさん、ヒラリーさんの流れでは、国が護《まも》れないのは明らかだから。

まあ、「トランプさんが立っている間に、国防体制をつくれ」ということでしょう？　そういう意味では、極《きわ》めて戦略眼がある人だと思うので。

今、朝鮮戦争が、まったく不発で終わるということも、あなたがたは「平和でいい」と思うかもしれないけども、やっぱり、「国体は少し変わったほうがいいかな」と私は思っているんで、中国に備える意味でも。

国体は変わったほうがいいかなと思ってます。

釈　確かに、アメリカも軍人政権のような様相を呈《てい》していますけれども、日本もその方向に向かうべきだと考えているということですね。

稲田朋美守護霊　だから、「未来のプラン」さえ見えれば、誰《だれ》でもできるんだよ、官僚的能力から、それ以上あればね。まあ、大政治家がいるかどうかは知らないけども、必ずしも政治家がリーダーになるとは限らないので。国民に対して、「未来のビジョン」というかね、「こうあるべき」という姿を納得《なっとく》させられる人がいれば、あとは、やっていくこと自体はできる人たちがたくさんいるんで、「説得ができるかどうか」なんでね。

釈　その説得は、自分でやろうとは思われないんですか。

稲田朋美守護霊　いや、それは幸福実現党の仕事でしょうよ。

釈　そこが非常に卑怯《ひきょう》な感じがするんですけれども（苦笑）。

稲田朋美守護霊　全然、卑怯じゃないですよ。やっぱり、何て言うの？「先鋒《せんぽう》」

っていうのはいちばん大事な仕事ですからね。先鋒っていうのは大事ですから。先んじて突っ込《つっこ》んでくところが大事ですから、君たちの名前は永遠ですよ。だから、百年後から見たら、「幸福実現党が旗揚《はたあ》げして日本を護った」ということになれば、そらあ、すごいことですよ。

東條英機《とうじょうひでき》とは「そりが合わない」

大川裕太　山本五十六大将が、霊的にお話ができる方や指導霊等はいらっしゃいますか。

稲田朋美守護霊　私の指導霊？

大川裕太　はい。例えば、東條英機《とうじょうひでき》元首相ですとか。

稲田朋美守護霊　……まあ、東《とう》……。うーん……。

釈　首相公邸《こうてい》に出ている幽霊《ゆうれい》の方々とは、いつもご相談なさったりしていますか

（『「首相公邸の幽霊」の正体』〔幸福の科学出版刊〕参照）。

大川裕太　東條英機、近衛文麿《このえふみまろ》、廣田弘毅《ひろたこうき》……。

稲田朋美守護霊　東條とかは、本当はそりが合わない。

釈　そりが合わない？

稲田朋美守護霊　うーん、どっちかといえばね。私らは、やっぱり洋行派《ようこうは》だからねえ。

『「首相公邸の幽霊」の正体』（幸福の科学出版刊）

大川裕太　そうですね。

稲田朋美守護霊　ちょっとそりが合わないので。うーん。まあ、そうだねえ……。

綾織　ちなみに、稲田さんが尊敬されている方で一番目に挙げているのは西郷隆盛《さいごうたかもり》さんです。

稲田朋美守護霊　うーん、まあ、西郷の「征韓論《せいかんろん》」は正しかったかもしれないねえ。あのとおりにやっとけば、その後の歴史がだいぶ変わったので。征韓論で下野《げや》したために、日本の歴史がだいぶ変わっちゃった。あのとき、確かに、不平武士と内部で殺し合いをするよりは、朝鮮半島に行っといたほうが、時代はちょっと早く先取りできていた可能性もあるよね。

綾織　魂的にご縁《えん》があるんでしょうか。

稲田朋美守護霊　うーん、西郷さんね、魂的にねえ……。まあ、少しずれているので、ご縁があるっていう感じかどうかは分からんけども。まあ、軍人としては私のほうが近代軍人なので、彼は近代軍人じゃないので……。

8　覇権《はけん》主義の中国と東アジア諸国の今後のパワーバランス

釈　それでは、これからの日本の軍事について、展望をお聞かせいただきたいのですけれども。

稲田朋美守護霊　まあ、北朝鮮《きたちょうせん》はどれくらいかかるか分からんが、朝鮮半島が平和的に統合したとしても、やっぱり、脅威《きょうい》は脅威ですよ。かなりの軍事力を持っているし、（人口）八千万の国ができますからね。

それと、中国ということで、「海軍力」と「空軍力」が、やっぱり、中心にはなるでしょうね。国是《こくぜ》として、もう一回、朝鮮半島や中国を支配したいっていうのは、そう簡単には許されないかなとは思っているけども、防衛力的には、もう一回、勢力均衡《きんこう》するぐらいまで行く可能性はあるでしょうね。

綾織　トランプ大統領は、中国を兵糧攻《ひょうろうぜ》めにして、まあ、体制崩壊《ほうかい》まで行くかはちょっと分かりませんけれども、それくらいのことは目指しているというようなことは言われています。その仕事と同時並行《へいこう》で、「日本を立て直し、中国の包囲網《ほういもう》を完成させるというのが、ご自身の仕事」と思われていますか。

稲田朋美守護霊　うーん、もう一つは、「中国を経済的に崩壊させてしまう」っていう方法があって、これはアメリカなんかでも頭のいい人たちが研究はしているようなのでね。中国のほうに経済恐慌《きょうこう》を起こしてしまえば、一気に軍事拡張熱のほうが冷えてしまうので。国営企業《きぎょう》中心の経済発展っていうのが失敗に終わったら、内政問題にかかりきりになるから、そちらの方向に持っていこうとしているというのが一つ。

あとは、「軍事的に封《ふう》じ込《こ》める作戦」は考えていると思う。この場合は、日本の強化と、やっぱり、インドやフィリピン、あるいは東南アジアのほかの国を反中国で包囲網にしていくこと。だから、フィリピン、インド、もちろん、タイやベトナムあたりも反中国のほうにしていくことが大事だし、朝鮮半島のほうも囲まなきゃいけない。

まあ、ロシアがちょっと問題ではあるんだけど、プーチン以降は、そう大した人材はもういないと見ているので。経済力から見れば、ロシアそのものは、アメリカと覇権《はけん》を争うような立場にはないレベルではあるんでね。

だから、アメリカは、いちおう、日本だけで十分に中国に対する防波堤《ぼうはてい》になるレベルまでは考えるんではないかな。

綾織　なるほど。

9　稲田防衛大臣の過去世《かこぜ》から戦運《いくさうん》を占《うらな》う

焼津《やいづ》あたりで日本武尊《やまとたけるのみこと》に負けたことがある？

綾織　少し気になるところとしては、あなたは日本の神様と考えてよろしいわけですよね？

稲田朋美守護霊　うん。

綾織　当然、高天原《たかまがはら》にもいらっしゃったということですか。

稲田朋美守護霊　うん。

綾織　私たちが分かるお名前で挙げていただくとすると？

稲田朋美守護霊　うーん。チッ（舌打ち）。

大川裕太　前回のリーディングでは、足利《あしかが》時代と蘇我《そが》氏の時代にも生まれていたようなことをおっしゃっていたと記憶《きおく》しています（『大震災《だいしんさい》予兆リーディング』〔幸福の科学出版刊〕第1章参照）。

稲田朋美守護霊　うーん……。まあ、もうちょっと昔まであるような気はするけど。

何か、焼津《やいづ》のあたりで日本武尊《やまとたけるのみこと》を焼き討《う》ちにしようとして、負けたような気がする……。

『大震災予兆リーディング』
（幸福の科学出版刊）

綾織　敵方なんですね（笑）。

稲田朋美守護霊　ハハハ（笑）、敵方じゃないですよ。日本のなかですから、別に。

釈　日本武尊に火をかけた側ということですね？

稲田朋美守護霊　そうだね。だから、戦略的にはうちが勝つはずだったんだけど、●神風《かみかぜ》が吹《ふ》いて逆風になって、こちらのほうに火が来ちゃったんで。

釈　何か、ちょっと運が悪い感じがしなくもないんですけど（笑）。

稲田朋美守護霊　うん、まあ、ときどき負けるんだけどね。

●**神風が吹いて……**　日本神話によれば、東征に出発した日本武尊《やまとたけるのみこと》は、次々と抵抗勢力を打ち破り、相武国《さがむのくに》に到る。そこで、相武国の国造《くにのみやつこ》に騙され、野原で火攻めに遭うも、草薙剣《くさなぎのつるぎ》で草を刈り払って向火をつけ、敵を退《しりぞ》けた。

釈　ああ、ときどき負けるんですね。

稲田朋美守護霊　ああ。だけど、軍神《ぐんしん》なんだよ、いちおうな。

綾織　それでは、その後、勝った部分はどこに存在するんでしょうか。

稲田朋美守護霊　うーん……。

大川裕太　では、「霊的《れいてき》には山県有朋《やまがたありとも》の指導を受けていなかった」ということもあるのでしょうか（注。以前の霊査《れいさ》で、山県有朋の過去世《かこぜ》の一つは、日本武尊であると判明している。『黄金の法』〔幸福の科学出版刊〕参照）。

稲田朋美守護霊　いやあ、山県はねえ……、親《しん》露《ろ》派だったからねえ。「ロシアと組んでアメリカの侵略《しんりゃく》を防ごう」という考え方だったたんで、山県は日露戦争に反対しておったんだよ。

だけど、日露戦争でスレスレの〝判定勝ち〟をしちゃったもんだから、日本がいい気になって、次、アメリカと一戦を交えたけども。

山県は、「ロシアとは戦うべきでない」っていう考えだったたんで。ロシアと戦わなかったら、確かに、対米戦争はなかった可能性もあることはある。

大川裕太　山県は外交力もありましたよね。山県一人の力で、不平等条約の改正交《こう》渉《しょう》が大幅《おおはば》に前進しました。

山県有朋（1838 ～ 1922）
長州藩、松下村塾出身の軍人・政治家。元勲の一人。初代陸軍卿、第3・9代内閣総理大臣などを歴任し、「教育勅語」を発布。また、日本陸軍の基礎をつくった功績から、「国軍の父」と称される。

稲田朋美守護霊　ほとんど本能で判断する方ではあるんで。

大川裕太　軍人のわりには、外交力もかなりあった方だと思いますけれども。

稲田朋美守護霊　まあ、あれは官僚《かんりょう》を手なずけるのがうまかったでね。私は、どっちかというと、ちょっと〝孤高《ここう》の人〟の気《け》があることはあるんだけどね。

過去世《かこぜ》のどこかで戦《いくさ》に勝ったことはあるのか

稲田朋美守護霊　まあ、そらあ、数多い歴史のなかには、勝ったことだってあるよ。そんなに負けたことばかり……。

綾織　その部分を教えてほしいと思うんですが。

稲田朋美守護霊　まあ、よく探せばあるよ。

綾織　ああ、そうですか（笑）。探さないといけないんですか。

稲田朋美守護霊　よく探せばね、きっとあるよ。

綾織　差し支《つか》えないところでは、ないんでしょうか。

稲田朋美守護霊　ええ？

綾織　やはり、ぜひ今後の日本のためにも、その部分はお話しくださったほうがいいのかなと思うんですが。

稲田朋美守護霊　いやあ、やっぱり、うーん……。何か、湊川《みなとがわ》あたりで戦死したような感じもちょっと……。ああ！　いや、これは負けたほうか。湊川あたりで戦死したような気も、ちょっとある。

綾織　ほお。足利との戦いですよね？

稲田朋美守護霊　うーん、負けたほうかな、これ。

綾織　（笑）

稲田朋美守護霊　勝ったほう、勝ったほう……。勝ったほうは、どこなのかなあ……。

●湊川あたりで……　湊川の戦い。1336年、九州から東上した足利尊氏《あしかがたかうじ》・直義《ただよし》兄弟の大軍を、後醍醐《ごだいご》天皇方である新田義貞《にったよしさだ》・楠木正成《くすのきまさしげ》の軍が摂津《せっつ》国（兵庫県）湊川で迎え撃ったが、義貞は敗走し、楠木正成は奮闘のすえ自害。

釈　何かちょっと運が悪い……。どんな神様を信じていらっしゃるんでしょうか。

稲田朋美守護霊　うーん……、まあ、近くは足利尊氏《たかうじ》とかで、遠くは、うーん……。

神武東征《じんむとうせい》のときには大和《やまと》防衛の立場にいた

稲田朋美守護霊　いやあ、逆になるんだよなあ。大和《やまと》防衛……、九州から攻《せ》めてくるあの勢力と、大和防衛のために戦ったほうにいたような気もするから。

大川裕太　それでは尊敬されている西郷《さいごう》さんと反対の勢力になってしまうのですが（注。以前の霊言《れいげん》のなかで、神武東征《じんむとうせい》で知られる神武天皇は、西郷隆盛《たかもり》と同じ魂《たましい》グループであるとされている。『西郷隆盛　日本人への警告』〔幸福の科学出版刊〕参照）。

稲田朋美守護霊　そうだねえ。尊敬する場合……、でも、まあ、兄弟は滅《ほろ》ぼしたか

●兄弟は……　日本神話によれば、東征に向かった神日本磐余彦尊《かむやまといわれひこのみこと》（のちの神武《じんむ》天皇）たちは、河内《かわち》（大阪府）の白肩津《しらかたのつ》の港で長髄彦《ながすねひこ》の軍と衝突。その際、長兄の五《いつ》瀬命《せのみこと》が矢を受け、紀国（和歌山県）で亡くなる。また、ほかの兄弟も次々と亡くなり、生き残った末弟の神日本磐余彦尊が軍を率いて、長髄彦を打ち破った。

らね。

大川裕太　ああ、なるほど。お兄さんのほうを滅ぼした？

稲田朋美守護霊　うん、だから、まさか四男（神武天皇）がね、天皇になるとは思わんかったからさ。

大川裕太　そうですね、確かに。なるほど。

稲田朋美守護霊　（兄弟の）上のほうはだいたい滅ぼしているからさ、年功序列でいけば、十分、勝ってるはずなんだがなあ。

大川裕太　なるほど。

釈　神武天皇の兄である五瀬命《いつせのみこと》を滅ぼしたんですか？

稲田朋美守護霊　うーん、まあ、ほかの有力な者もな、だいぶ。大和防衛っていうのは「保守」なんだよな、ある意味でな。だから、あちらのほうが「革新」だからね、どっちかといえばな。

そういう長距離《ちょうきょり》の戦《いくさ》をやった場合は、たいていもたないから弱いんだがなあ。

「瑞穂《みずほ》の国、稲穂《いなほ》の国みたいな感じが好き」

釈　仏縁《ぶつえん》などはございますか。

稲田朋美守護霊　仏縁？

釈　はい。

稲田朋美守護霊　うーん……、まあ、仏教の宗派《しゅうは》みたいなものには、多少、入ったことがあるような気はするがなあ。

大川裕太　魂的には北陸がお好きですか。

釈　山本五十六《やまもといそろく》は新潟《にいがた》県の長岡《ながおか》出身ですよね。

稲田朋美守護霊　いや、それは、まあ、それほど北陸にこだわってるつもりはないけども。うーん、何か、「瑞穂《みずほ》の国」、「稲穂《いなほ》の国」みたいな感じは、好きは好きだな。

釈　ああ。「稲田」というお名前でいらっしゃいますし、あのあたりには「いなほ」という特急も走っていますけれども、心象風景としては、そういうものがお好きなのですか。

大川裕太　稲と言えば、「●蘇我稲目《そがのいなめ》」という人がいますけれども、何かご関係はおありですか。

稲田朋美守護霊　……君、直観力がすごいねえ。

大川裕太　おお。

稲田朋美守護霊　直観力すごいねえ。

●**蘇我稲目**（506頃〜570）　古代の中央豪族。蘇我馬子《うまこ》の父。娘を天皇に嫁がせ、用明《ようめい》・崇峻《すしゅん》・推古《すいこ》天皇の外祖父となった。

大川裕太　では、もう〝その人〟ということですか。

稲田朋美守護霊　うーん、何か、あんまりよくない感じが出てきた。

大川裕太　いや、そんなことはないと思います。

稲田朋美守護霊　頭は悪くないんだよ、いつも。

大川裕太　そうですね。はい。

稲田朋美守護霊　いつも頭はいいいんだよ。

大川裕太　また、わりと、ちゃんと権力のほうに近いときもありますよね。

稲田朋美守護霊　そうだ、そう。「保守」の側に近いことが多いんだけどね。ただ、「革新」っていうか、今で言うと、共謀罪《きょうぼう》でとっ捕《つか》まえてやろうとしてるほうの、テロのやつにやられる場合も、たまにある。

大川裕太　ああ、なるほど。今世《こんぜ》は、もしかしたら、幸福実現党にやられてしまうかもしれないという……。

稲田朋美守護霊　まあ、その可能性はないとは言えない。うん。

幸福の科学や幸福実現党は共謀罪《きょうぼう》の対象になりうるのか

釈　新しい時代の流れを読み切るお力というところで、ぜひ、お訊《き》きしたいことがあります。私たちは、次の時代を見据《みす》えて活動しておりまして、仮に、間違《まちが》っても、

「テロ等準備罪（いわゆる共謀罪《きょうぼう》）」の対象などにはなされませんよね。

稲田朋美守護霊　いや、しますよ、そら、当然。当然、それは……。でも、あんたがたは、もう、国会議員になれなかったら自前で武装しようとするんだろうけど……。

釈　それはとんでもないですよ。何をおっしゃるのでしょうか。

綾織　そのようなことはしません。

大川裕太　そんなつもりはないです。

稲田朋美守護霊　それで、もう、北朝鮮《きたちょうせん》に侵入して戦うんじゃないですか。

釈　とんでもないです。

大川裕太　いや、われわれの考えは、むしろ、西郷先生のほうに近くて、釈党首が一人……。

稲田朋美守護霊　死にに行くの？　アハハハハハ（笑）、なるほど。

大川裕太　そこまであるか分かりませんが……。

稲田朋美守護霊　それ、効率がいいねえ。それは。

釈　私一人が死んで助かるんだったら、そうしたいぐらいですけれども。

稲田朋美守護霊　なるほど。

10 政治家とマスコミは「挑戦《ちょうせん》と応戦」の人類史を学べ

新興パワーに応戦できないと国家は滅《ほろ》ぶのが歴史

釈　これまで、稲田防衛大臣の守護霊様がされてきたご発言を聞くかぎり、とてもではありませんが、国民を説得できないですよね。

稲田朋美守護霊　いや、説得するのは大川隆法さんの仕事だから。私の仕事じゃないんで。

釈　山本五十六《やまもといそろく》大将として、そういうご発言は、ちょっと、いかがなものかと思うのですけれども。

稲田朋美守護霊　うーん。

釈　例えば、今後の日本に向けて、今、国民に訴《うった》えるとしたら、どのあたりを訴えたいと思っておられますか。

稲田朋美守護霊　うーん、いやあ、でも、(日本は) あんまりにも長く実戦から遠ざかりすぎているのでね。もう、七十年も前の戦争のことは、ちょっと忘れてきているからな、ほとんどね。七十歳《さい》ぐらいまで知らないしね。安倍《あべ》さんでさえ知らないんだから、ほんとはね。「知らない」っていうことがあるから、ちょっと「戦えない体質」になってしまっているということと、「戦争は悲惨《ひさん》だ」っていうことをずっと言い続けてきたからね。

いや、でも、世界の歴史を正確に勉強すれば、「戦争と戦争の間に平和があっただけの歴史」なんで。戦争そのものを歴史から全部消せるかっていったら消せないし、戦争そのものを消したら、やっぱり、「民族から民族への覇権《はけん》の移動」とか、「新しい文明の交流」や「新しい国家の勃興《ぼっこう》」っていうのは、現実にはないからね。

やっぱり、戦争で文明が盛衰《せいすい》していくのは事実なんで。新しく新興国家が出てきて、強くなってこようとしているんでしょう?

北朝鮮《きたちょうせん》だって、あんな小さな国と思ってるけど、本当に、九十九パーセント命中して爆破《ばくは》できる精度の高い核《かく》兵器をつくられたら、アメリカはどうかは知らんけども、少なくとも、アジア諸国が支配下に置かれるのは確実ですよ。

大川裕太　はい。

稲田朋美守護霊　二千万ぐらいしか国民がいないと言われても、彼らに支配されますよ、ほんとにねえ。

まあ、そういうことがあるので、報道は、戦争の悲惨さばっかりを伝えることではなくて、やっぱり、「戦争によって時代が変わっているところ」や、「国の覇権が移っているところ」は、ちゃんと公平に見なきゃいけない。

新興国家や新興パワーに対しては「応戦」して、それを封《ふう》じ込《こ》めないかぎりは滅《ほろ》ぼされるというのが、歴史だということだね。

だから、「二十一世紀になったら急に、話し合いだけで全部が済む」と思うのは間違《まちが》いだろうなあと思うが。

君たちだってそうでしょ？　アジアの近隣《きんりん》の諸国に核兵器がまったくない状態で……、例えば、中国十四億の国家があって、核兵器をまったく持っていない。日本は核兵器を五千発は持っている。大陸間弾道弾《だんどうだん》を持っている。すると、中国に対する外交姿勢はどうなります？　ものすごく強気になるでしょう、やっぱり。

大川裕太　そうですね。

稲田朋美守護霊　「いざというときはやる気ですか」って言やあ、もう何も言えなくなるね。

大川裕太　はい。

稲田朋美守護霊　まあ、そういうところがあるのは、自分らがやってみたら分かることだから。ほんと、北朝鮮や中国に支配されることのないように、それだけの努力はしたほうがいいと思うし、努力しなかったものは滅びるだろうなあと思う。

日本の科学技術は軍事においても踏《ふ》み込《こ》むべき

綾織　これも時間との戦いでありますので、私たちの先輩《せんぱい》に当たる稲田さんには、ぜひ、頑張《がんば》っていただきたいと思いますし、幸福実現党も、そのあとを追って頑張っていきます。

稲田朋美守護霊　中国や北朝鮮が、「先の大戦で日本をもっと滅ぼしたかったところを滅ぼし損《そこ》ねた」という部分で、向こうから見れば中途半端《ちゅうとはんぱ》な戦いで、「やるなら徹底《てってい》的に日本民族を滅ぼしておけばよかった」と思ってるのが、ずっと戦後の流れだろうから。

だから、向こうから見れば、最終的には滅ぼしてしまいたい気持ちは持っているだろうな。

綾織　はい。

稲田朋美守護霊　でも、中国とかが広がったところで、次には「イスラム圏《けん》とのぶつかり」が出てくるんだろうから。あるいは、「ヒンズー圏の文明とのぶつかり」

が出るんだろう。

これは、もうしかたがない。それで歴史ができてくるので、次々と。次の時代の歴史が出てくるんでね。やっぱり、努力しなければ滅びていくだろうと思う。（日本は）〝半分滅びた〟んだから、現実になあ。

だから、私がやったのが駄目《だめ》だったかっていうと、そうは言っても、アメリカと三年半戦えたっていうのは〝準優勝〟ですからねえ。

まったく戦わなかったところや、あのイラクの無様《ぶざま》さから見れば、やっぱり、全然、違ったんじゃない。あそこはスカッドミサイルも撃《う》ってたよ、イラクはねえ。それで、あんなに無様なもんだからねえ。

やはり、日本も、科学技術は軍事のところでも踏《ふ》み込《こ》まないと、「宇宙」のほうでも負けるし。アメリカが「航空技術」のほうを押《お》さえてしまっているところがあるけど、こういう危機の状況《じょうきょう》にうまく乗じて、「航空技術」のところを、独自の特許でやれるようにしていったほうがいいよ。ゼロ戦をつくった国がね、こんな感じで弱くなってるのは、よくないと思うね。

だから、いや、ほんのちょっとしたところなんだけど、やっぱり、「先見性」が大事なんでね。

私が連合艦隊《かんたい》の司令長官になって、「(戦艦)大和《やまと》に乗って、〝大和ホテル〟で休んどっただけだ」という言い方もあるけど、まあ、もったいなかったからねえ。もう、ほんとにもったいない。奈良《なら》の大仏みたいなものだから、ほんと……。

綾織　今回は、そういうことがないように、期待しております。

大川裕太　ええ。今回は、ぜひ、稲田防衛大臣に「勝てる戦い」をしていただきたいなと思っております。

国防の面で稲田防衛大臣と気脈を通じている人物はいるのか

稲田朋美守護霊　うーん、まあ、確かに、幸福実現党が二〇〇九年に何十議席か取れて、連立政権にでも入っていたら、だいぶ違っただろうなあ、ほんとね。それはあるだろうね。

綾織　今からでも遅《おそ》くないと思いますので。

稲田朋美守護霊　だけど、民主党のほうを勝たせちゃったりしてねえ。

釈　そういう意味では、稲田さんは自民党のほうにいらっしゃいますけれども、この国を護《まも》るという意味で、どういう人を生かし、どういう人たちと手を切らなければいけないのかということを、しっかりと考えないといけない時期に来ていると思います。

稲田朋美守護霊　うん、うん。まあ、渡部昇一《わたなべしょういち》先生も、幸福の科学や大川総裁に対しては敬意を払《はら》っておられたようであるから、基本的に、この方向でいいんだろうから。言論的にというか、思想的な主張に関しては、あなたがたが、次の国をつくる者にはなるんだろうけど、現実的な処理能力が足りないようだからね。それは、やっぱり、自民党がやっていかないといけないんじゃないかねえ。うん。

釈　私たちも、徐々《じょじょ》に力をつけていきたいと思うのですけれども、実際に、自民党のなかで、稲田さんと共にこの国を護るというところで気脈を通じている方はいらっしゃるのでしょうか。

稲田朋美守護霊　安倍さんとか菅《すが》さんあたりは、言うことをきかないとは思うけれども、まあ、私とか、外務大臣の、なあ？

綾織　岸田文雄《きしだふみお》さん。

稲田朋美守護霊　うん、岸田さんぐらいになったら、そろそろ、七、八割はきくようになるんじゃないかな。だから、まあ、次の世代ぐらいまで行くと、もっともっとよくきくようになるから。やっぱり、政治家も、年齢《ねんれい》がものを言う世界ではあるんでね。

だから、大川総裁が七十ぐらいになっていれば、もうちょっと「国師《こくし》」としての権威《けんい》もあるんじゃないか。

綾織　うーん。

稲田朋美守護霊　うん。総理大臣を「君《くん》」付けで呼べるぐらいにならないと、やっぱり、駄目なんじゃないかねえ。

十年後、宇宙開発をした中国軍に負けないための方策を

釈　この日本の危急存亡《ききゅうそんぼう》の秋《とき》でございますので、「自分ができることをやる」ということではなく、本当に、この国を護るために言わなければいけないことを、ぜひとも言ってほしいと思います。

例えば、山県有朋《やまがたありとも》首相が、第一回帝国《ていこく》議会の施政《しせい》方針演説で、軍事費の増額を拒《こば》む議員たちを説得しようとしたのを思い出しますけれども、今の姿勢のままでいらっしゃったら、この国は護れないというのは、もう、はっきりしております。山本五十六大将なのであれば、「ぜひ、男を見せていただきたいな」と思います。

稲田朋美守護霊　うーん。先の大戦のをやり直すとしたら、どうするかっていう

ことですけど、ちょっと、「レーダー戦で敗れていた」っていうことが一つあったのと、やっぱり、ゼロ戦は、開戦時には世界最高の戦闘機《せんとうき》であったけど、「アメリカのほうがそれを上回ってきた」っていう。工業力もあって、あるいは、研究開発で上回ってきたのに、（日本軍は）ゼロ戦の軽量化によるスピードと、上昇能力《じょうしょう》にかけすぎていたっていうあたりは、やっぱり、問題はあったかと思う。まあ、その「ハイテクの部分」で負けたら、なかなか勝ち目はないので。

（今後の）中国との戦いだって、「宇宙」を絡《から》めた戦いになるので、「宇宙開発」をもうちょっとやらないと。宇宙からの攻撃《こうげき》が、やっぱり、たまらないのでね。日本の人工衛星を撃ち落とされてしまうと、日本のほうのコンピュータが動かなくなってしまうので。コンピュータは動かないし、たぶん、金融《きんゆう》関係も全部、大混乱に陥《おちい》ると思う。やっぱり、アメリカの〝瓶《びん》の蓋《ふた》〟を取って、やるところまでやらないといけない。

その意味では、人が少し死ぬことはあるかもしらんけど、北朝鮮には、ちょっとだけ〝海賊《かいぞく》〟みたいにやっていただいたほうがいいような気はしているんだけどね。
まあ、安倍さんも、たぶん、そう思ってるだろうけど。

「私は何とか生き残らなければいけない」

綾織　山本五十六大将も慎重《しんちょう》な性格でしたので、今回は、ぜひ、勇気を出して行動してほしいなと思います。

釈　あっという間に、一年、二年、三年と過ぎてしまいますので、その間《かん》に、防衛大臣として、あるいは、いずれ首相になられるのかもしれませんけれども、中国共産党の人民解放軍と対峙《たいじ》できるような日本にしてくだされればありがたいと思います。

稲田朋美守護霊　うん、まあ、（中国は）人口が多いしねえ。

釈　大阪《おおさか》に万博《ばんぱく》を呼んだりする予定ですけれども、例えば、「宇宙」をテーマにするなどというように、ああいうものもすべて、国防に関する方向に結びつけることも考えられます。

先々のことを考えておられるのであれば、あらゆる手段を使って政策等に反映していかないと、もう間に合わないという気がいたしますので、ぜひともお願いいたします。

稲田朋美守護霊　まあ、君らも、あまり日和見《ひよりみ》しないで、もう、極右なら極右で、しっかりと旗揚《はたあ》げして突《つ》っ走ったほうが、国民に対するアピールとしてはいいんじゃないの？

釈　私たちは、自由に対する考え方は、極右と非常に違うところがあると思いますけれども。

稲田朋美守護霊　君らの〝攻撃の自由〟を、「自由」と言ってるんじゃないの？

釈　とんでもないです。

綾織　私どもは、私どもとしてやりますので。

大川裕太　はい。やるべきことをやりますので。

綾織　ぜひ、ご自身のお仕事をやってほしいと思います。

稲田朋美守護霊　まあ、私は、何とか生き残らないといかんからねえ。安倍さんや菅さんの時代は、そんなに長くはないですよ。まあ、長くて、（東京）オリンピックまでですから。「それから先は、私の時代がやってくる」と思ってるから。何とか、うまく処理しますよ。何とか、うまく処理しますので、ええ。

綾織　今後も、いろいろと意見交換《こうかん》をしながら、やっていけるようになればいいかなと思います。

稲田朋美守護霊　私が、いかに、何と言うか、〝信頼《しんらい》できる人材〟であるかが、よく分かるでしょう?

第二次大戦では、私は「最高人材だった」と言われてるんだから。「私で足りなかったら、もう、この国は負けてもしかたがなかった」と言われてるんだからね。

綾織　〝リベンジ〟ということですので、ぜひ、頑張ってほしいと思います。

稲田朋美守護霊　ああ、リベンジ。でも、あれは、世界最強国と戦ったからね。今回は最強国じゃないからね。

綾織　今回は、中国という存在がありますけれども。

稲田朋美守護霊　まあ、中国は、「軍事」と「経済」の両方から攻《せ》めていかなきゃいけないんで。

いやあ、大川先生には、預言者としての偉大《いだい》な使命を、もっともっと果たしていただきたいなあと思いますね。

綾織　ご自身の仕事をしていただくよう期待しております。

大川裕太　意見の合うところは応援《おうえん》します。

稲田朋美守護霊　まあ、中国で、宗教による反乱をいっぱい起こしたほうがいいんじゃないですか。

綾織　そういう方法もありますね。

大川裕太　そこは視野に入っておりますので。

綾織　今、非常に危険な状態になっておりますので、まずは、ぜひ、防衛大臣の仕事をお願いします。

稲田朋美守護霊　ええ、まあ、いざというときは、あなたがたと共に、鳥取砂丘《とっとりさきゅう》で陣地《じんち》を張って頑張りたいと思っております。

大川裕太　よろしくお願いいたします。ありがとうございました。

11　意外性のあった稲田防衛大臣の守護霊霊言《れいげん》

稲田氏は「いちばん強いところとは戦わないほうがよい人」

大川隆法　（手を二回叩《たた》く）「だいたい〝素性《すじょう》〟は知れた」というところでしょうか。

大川裕太　意外でした。

大川隆法　〝素性〟は知れましたね。

（綾織に）唖然《あぜん》としている？

綾織　いいえ（笑）、期待できるところはあるので、非常に心強いところはあります。

大川隆法　「(相手が) ナンバーワン国でなければ戦える」と言っていました。まあ、そうかもしれません (笑)。

大川裕太　実は、私は、ちょうどこの四月に、「海面下に沈《しず》んでいた戦艦大和《せんかんやまと》が、突如《とつじょ》、浮《う》き上がってきて、暴《あば》れ始める」という夢を見たのですが、その意味が分かったような気がしてきました。

大川隆法　確かに、(今回も) 戦い方としては海軍のほうに近いことは近いですね。あと、本当に日本海側に空母でも持てれば、もっとよろしいのかもしれませんが。

大川裕太　そうですね。はい。

大川隆法　いずれにしろ、（日本国民の）意識を変えることにかなり苦労はしているので、安倍《あべ》さんも、本当は、言論統制をかけ、軍事態勢にしたいのでしょう。（現状では）ややエネルギーがかかりすぎるのかもしれません。（稲田氏は）「まったく駄目《だめ》」というわけではありませんが、「いちばん強いところとは戦わないほうがよい人だ」というあたりでしょうか。だから、「そのへんの足りないところについては補わないといけない」というところでしょう。

ただ、われわれも、まだベトナムやタイに避難《ひなん》するところまでは考えていなかったので（笑）、それを考えているということは戦略的ではありますね。

綾織　そうかもしれません。

大川裕太　そうですね。

大川隆法　（日本の）国民はがっかりするかもしれないけれども、「なんと！」ということかもしれません。

釈　そうならないように頑張《がんば》ってまいりたいと思います。

大川隆法　「そのくらい、危険なこともありうる」ということですね。

悪とは和解しないトランプ大統領は、ある意味で宗教性が強い

大川隆法　（米朝間の）戦争自体の見立てはどうかというと、「米軍がどのくらい本気か」ということでだいたい決まるでしょうし、それは、トランプ大統領の国内地《じ》盤《ばん》の問題でもあるでしょう。

トランプ大統領（の守護霊）に訊《き》いても、今はかなり慎重《しんちょう》になってきているので、

本音は分からないところがあります。

ただ、あの人は、戦後、何十年間も見過ごされてきたことについて、「われわれが見過ごしてはならない」とはっきり言っているので、オバマ体制を引っ繰《く》り返すつもりではいるのです。

彼は、安倍さんやオバマさんが言っていた「和解の力」というようなものとは違《ちが》うものを考えており、「悪とは妥協《だきょう》しない。悪との和解はない」という考えだと思うので、ある意味では、こちら（トランプ大統領）のほうが宗教的なのだと思います。別の意味での宗教性が強いのです。

あるいは、ユダヤ的なのかもしれません。「娘夫婦《むすめふうふ》はユダヤ教徒だ」ということもあるので……。

綾織　そうですね。

大川隆法　邪神《じゃしん》や邪教のようなものに対しては、すごく強いところがあるのかもしれません。

オバマさんの場合、「イスラム教徒かもしれない」という疑いがあったぐらいなので、それほど強くはなれなかったのでしょう。

まあ、しかたがありません。（幸福の科学としては）積み上げていくしかないのですが、稲田防衛大臣の〝素性〟が見えたので、「今後、考える材料にしよう」ということです。

結局、今回の最終的な判断者はトランプ大統領でしょう。この人は、先日、無警告でいきなり（ミサイルをシリア等に）撃《う》ち込《こ》んでいます。日本軍ではないけれども、やるときには、奇襲《きしゅう》をかける感じでやるのではないでしょうか。そうだと思います。意外に「交渉《こうしょう》の達人」なので、そのあたりのことはよく知っているように感じられます。

アメリカの大統領が替《か》わったので、たぶん、よい方向に行くだろうとは思います。

当会は当会として、やれることをやっていくしかありませんね。

質問者一同　ありがとうございました。

あとがき

北朝鮮の核開発や弾道ミサイルの製造・発射問題は、ズルズルと話し合えば決着がつくという問題ではなかろう。潔《いさぎよ》く自ら武装解除しないのであれば、転移《てんい》・拡大する末期ガン同様、早めに外科手術するしかあるまい。

それだけの覚悟《かくご》をする国にならなければ、「半主権国家」は、いつまでたっても「主権国家」に脱皮することはできまい。

国内の細かい問題ばかりをあげつらうマスコミ包囲網の中では、自らの信念さえ貫けないのが政治家の実情だとしても、ただの自己保身を一生の使命とするわけにはいくまい。

稲田防衛大臣には、国民の生命を守るため、金正恩《キムジョンウン》と刺し違える覚悟で事に臨《のぞ》んで頂きたいと思う。

二〇一七年　五月二日

幸福《こうふく》の科学《かがく》グループ創始者兼総裁《そうししゃけんそうさい》　大川隆法《おおかわりゅうほう》

『「戦えない国」をどう守るのか　稲田朋美防衛大臣の守護霊霊言』

大川隆法著作関連書籍

『黄金の法』（幸福の科学出版刊）
『渡部昇一　日本への申し送り事項　死後21時間、復活のメッセージ』（同右）
『マッカーサー　戦後65年目の証言
　――マッカーサー・吉田茂・山本五十六・鳩山一郎の霊言――』（同右）
『「首相公邸の幽霊」の正体
　――東條英機・近衛文麿・廣田弘毅、日本を叱る！――』（同右）
『大震災予兆リーディング』（同右）
『西郷隆盛　日本人への警告』（同右）
『危機の中の北朝鮮　金正恩の守護霊霊言』（同右）

「戦《たたか》えない国《くに》」をどう守《まも》るのか
稲《いな》田《だ》朋《とも》美《み》防衛大臣《ぼうえいだいじん》の守護《しゅご》霊霊言《れいれいげん》

2017年5月8日　初版第1刷

著　者　　大《おお》　川《かわ》　隆《りゅう》　法《ほう》

発行所　　幸福の科学出版株式会社

〒107-0052 東京都港区赤坂2丁目10番14号
TEL(03)5573-7700
http://www.irhpress.co.jp/

印刷・製本　株式会社 研文社

落丁・乱丁本はおとりかえいたします

ISBN978-4-86395-908-8 C0030
カバー写真：AFP＝時事／EPA＝時事／時事通信フォト／時事［防衛省提供］／
近現代PL/アフロ／アフロ
本文写真：-AFP＝時事／AP/アフロ／EPA＝時事／時事／時事［防衛省提供］
／Lover of Romance

大川隆法霊言シリーズ・自民党政治家たちの本心に迫る

自称〝元首〟の本心に迫る

安倍首相の守護霊霊言

幸福実現党潰しは、アベノミクスの失速隠しと、先の参院選や都知事選への恨みか？ 国民が知らない安倍首相の本音を守護霊が包み隠さず語った。

1,400円

岸田文雄外務大臣守護霊インタビュー

外交 そして この国の政治の未来

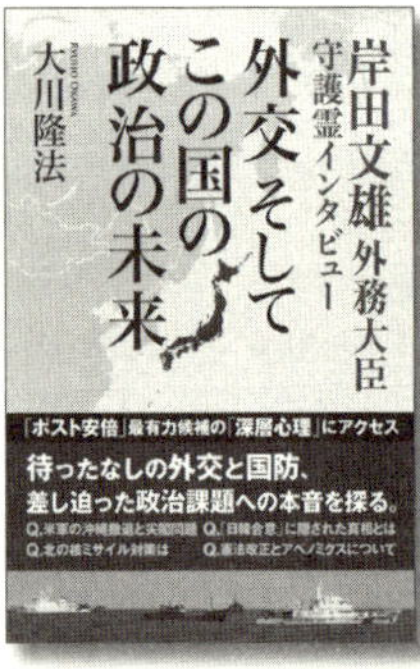

もし、岸田氏が総理大臣になったら、日本はどうなる？ 外交、国防、憲法改正、経済政策など、次の宰相としての適性を多角的に検証。【幸福実現党刊】

1,400円

二階俊博自民党幹事長の守護霊霊言

〝親中派〟幹事長が誕生した理由

自民党のNo.2は、国の未来よりも安倍政権の「延命」のほうが大事なのか？ ウナギやナマズのようにつかまえどころのない幹事長の本音に迫る。【幸福実現党刊】

1,400円

※表示価格は本体価格（税別）です。

大川隆法霊言シリーズ・東アジアの未来を読む

守護霊インタビュー ドナルド・トランプ アメリカ復活への戦略

英語霊言 日本語訳付き

過激な発言で「トランプ旋風」を巻き起こした選挙戦当時、すでにその本心は明らかになっていた。トランプ大統領で世界がどう変わるかを予言した一冊。

1,400円

危機の中の北朝鮮 金正恩の守護霊霊言

北朝鮮は本当にアメリカと戦うつもりなのか？　追い詰められた「独裁者の本心」と「対トランプ戦略」３つのシナリオが明らかに。そのとき日韓は？

1,400円

緊急・守護霊インタビュー 台湾新総統 蔡英文の未来戦略

台湾新総統・蔡英文氏の守護霊が、アジアの平和と安定のために必要な「未来構想」を語る。アメリカが取るべき進路、日本が打つべき一手とは?

1,400円

幸福の科学出版

大川隆法 ベストセラーズ・幸福実現党の目指すもの

幸福実現党宣言

この国の未来をデザインする

政治と宗教の真なる関係、「日本国憲法」を改正すべき理由など、日本が世界を牽引するために必要な、国家運営のあるべき姿を指し示す。

1,600円

政治革命家・大川隆法

幸福実現党の父

未来が見える。嘘をつかない。タブーに挑戦する——。政治の問題を鋭く指摘し、具体的な打開策を唱える幸福実現党の魅力が分かる万人必読の書。

1,400円

新・日本国憲法試案

幸福実現党宣言④

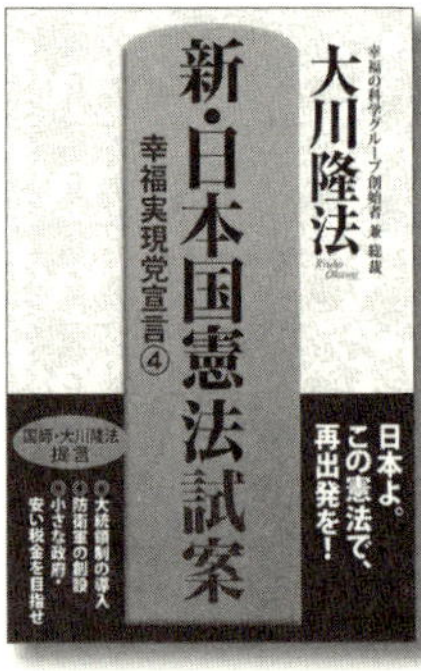

大統領制の導入、防衛軍の創設、公務員への能力制導入など、日本の未来を切り開く「新しい憲法」を提示する。

1,200円

※表示価格は本体価格(税別)です。

大川宏洋 ニュースター・プロダクション社長の守護霊メッセージ

新しい時代の「美」とは何か——。映画「君のまなざし」に、総合プロデューサー、脚本、俳優、主題歌歌唱の４役で参画した若き天才の素顔に迫る。
【ニュースター・プロダクション刊】

1,400円

渡部昇一 日本への申し送り事項
死後 21 時間、復活のメッセージ

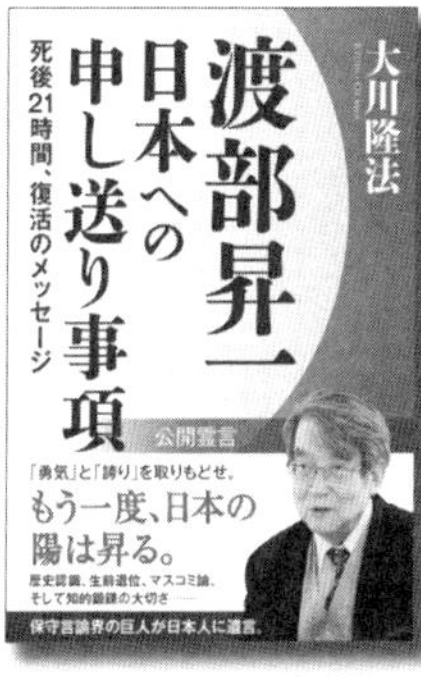

「知的生活」の伝道師として、また「日本の誇りを取り戻せ」運動の旗手として活躍してきた「保守言論界の巨人」が、日本人に託した遺言。

1,400円

広瀬すずの守護霊☆霊言

守護霊から見た「広瀬すずの現在《いま》」、若くして成功する秘訣、そしてスピリチュアルな秘密まで、〝10代最強〟のアカデミー賞女優の素顔に迫る。

1,400円

もうひとつの世界。
運命を変える、
君のまなざし
製作総指揮・原案／大川隆法
梅崎快人 水月ゆうこ 大川宏洋 手塚理美 黒沢年雄 黒田アーサー 日向丈 長谷川奈央 合香美希 春宮みずき
（特別出演）
監督／赤羽博 総合プロデューサー・脚本／大川宏洋 音楽／水澤有一 製作・企画／ニュースター・プロダクション 制作プロダクション／ジャンゴフィルム
配給／日活 配給協力／東京テアトル ©2017 NEW STAR PRODUCTION
5.20(土) ROADSHOW

幸福の科学グループのご案内

宗教、教育、政治、出版などの活動を通じて、地球的ユートピアの実現を目指しています。

幸福の科学

一九八六年に立宗。信仰の対象は、地球系霊団の最高大霊、主エル・カンターレ。世界百カ国以上の国々に信者を持ち、全人類救済という尊い使命のもと、信者は、「愛」と「悟り」と「ユートピア建設」の教えの実践、伝道に励んでいます。

（二〇一七年五月現在）

愛

幸福の科学の「愛」とは、与える愛です。これは、仏教の慈悲《じひ》や布施《ふせ》の精神と同じことです。信者は、仏法真理をお伝えすることを通して、多くの方に幸福な人生を送っていただくための活動に励んでいます。

悟り

「悟り」とは、自らが仏の子であることを知るということです。教学《きょうがく》や精神統一によって心を磨き、智慧《ちえ》を得て悩みを解決すると共に、天使・菩薩《ぼさつ》の境地を目指し、より多くの人を救える力を身につけていきます。

ユートピア建設

私たち人間は、地上に理想世界を建設するという尊い使命を持って生まれてきています。社会の悪を押しとどめ、善を推し進めるために、信者はさまざまな活動に積極的に参加しています。

国内外の世界で貧困や災害、心の病で苦しんでいる人々に対しては、現地メンバーや支援団体と連携して、物心両面にわたり、あらゆる手段で手を差し伸べています。

年間約３万人の自殺者を減らすため、全国各地で街頭キャンペーンを展開しています。

公式サイト **www.withyou-hs.net**

ヘレン・ケラーを理想として活動する、ハンディキャップを持つ方とボランティアの会です。視聴覚障害者、肢体不自由な方々に仏法真理を学んでいただくための、さまざまなサポートをしています。

公式サイト **www.helen-hs.net**

INFORMATION

お近くの精舎・支部・拠点など、お問い合わせは、こちらまで！

幸福の科学サービスセンター

TEL. **03-5793-1727**（受付時間 火〜金：10〜20時／土・日・祝日：10〜18時）

幸福の科学 公式サイト **happy-science.jp**

教育

ハッピー・サイエンス・ユニバーシティ
Happy Science University

ハッピー・サイエンス・ユニバーシティとは

ハッピー・サイエンス・ユニバーシティ（HSU）は、大川隆法総裁が設立された「現代の松下村塾」であり、「日本発の本格私学」です。
　建学の精神として「幸福の探究と新文明の創造」を掲げ、チャレンジ精神にあふれ、新時代を切り拓く人材の輩出を目指します。

学部のご案内

人間幸福学部

人間学を学び、新時代を切り拓くリーダーとなる

経営成功学部

企業や国家の繁栄を実現する、起業家精神あふれる人材となる

未来産業学部

新文明の源流を創造するチャレンジャーとなる

HSU長生キャンパス
〒299-4325
千葉県長生郡長生村一松丙 4427-1
TEL **0475-32-7770**

未来創造学部

時代を変え、未来を創る主役となる

政治家やジャーナリスト、ライター、俳優・タレントなどのスター、映画監督・脚本家などのクリエーター人材を育てます。4年制と短期特進課程があります。

・4年制
1年次は長生キャンパスで授業を行い、2年次以降は東京キャンパスで授業を行います。

・短期特進課程（2年制）
1年次・2年次ともに東京キャンパスで授業を行います。

HSU未来創造・東京キャンパス
〒136-0076
東京都江東区南砂2-6-5
TEL **03-3699-7707**

幸福の科学グループの教育・人材養成事業

学校法人
幸福の科学学園

学校法人　幸福の科学学園は、幸福の科学の教育理念のもとにつくられた教育機関です。人間にとって最も大切な宗教教育の導入を通じて精神性を高めながら、ユートピア建設に貢献する人材輩出を目指しています。

幸福の科学学園

中学校・高等学校（那須本校）
2010年4月開校・栃木県那須郡（男女共学・全寮制）
TEL　**0287-75-7777**
公式サイト　**happy-science.ac.jp**

関西中学校・高等学校（関西校）
2013年4月開校・滋賀県大津市（男女共学・寮及び通学）
TEL　**077-573-7774**
公式サイト　**kansai.happy-science.ac.jp**

仏法真理塾「サクセスNo.1」　**TEL**　**03-5750-0747**（東京本校）
小・中・高校生が、信仰教育を基礎にしながら、「勉強も『心の修行』」と考えて学んでいます。

不登校児支援スクール「ネバー・マインド」　**TEL**　**03-5750-1741**
心の面からのアプローチを重視して、不登校の子供たちを支援しています。
また、障害児支援の**「ユー・アー・エンゼル!」運動**も行っています。

エンゼルプランV　**TEL**　**03-5750-0757**
幼少時からの心の教育を大切にして、信仰をベースにした幼児教育を行っています。

シニア・プラン21　**TEL**　**03-6384-0778**
希望に満ちた生涯現役人生のために、年齢を問わず、多くの方が学んでいます。

学校からのいじめ追放を目指し、さまざまな社会提言をしています。また、各地でのシンポジウムや学校への啓発ポスター掲示等に取り組む一般財団法人「いじめから子供を守ろうネットワーク」を支援しています。

公式サイト　**mamoro.org**
相談窓口　**TEL.03-5719-2170**
ブログ　**blog.mamoro.org**

政治

幸福実現党

内憂外患《ないゆうがいかん》の国難に立ち向かうべく、二〇〇九年五月に幸福実現党を立党しました。創立者である大川隆法党総裁の精神的指導のもと、宗教だけでは解決できない問題に取り組み、幸福を具体化するための力になっています。

幸福実現党 釈量子サイト
shaku-ryoko.net

Twitter
釈量子@shakuryoko
で検索

党の機関紙
「幸福実現NEWS」

幸福実現党　党員募集中

あなたも幸福を実現する政治に参画しませんか。

- 幸福実現党の理念と綱領、政策に賛同する18歳以上の方なら、どなたでも党員になることができます。
- 党員の期間は、党費（年額 一般党員５千円、学生党員２千円）を入金された日から１年間となります。

党員になると

党員限定の機関紙が送付されます。
（学生党員の方にはメールにてお送りします）

申込書は、下記、幸福実現党公式サイトでダウンロードできます。
住所：〒107-0052　東京都港区赤坂2-10-8 6階 幸福実現党本部
TEL **03-6441-0754**　FAX **03-6441-0764**
公式サイト **hr-party.jp**　若者向け政治サイト **truthyouth.jp**

出版
メディア
事業

幸福の科学出版

大川隆法総裁の仏法真理の書を中心に、ビジネス、自己啓発、小説など、さまざまなジャンルの書籍・雑誌を出版しています。他にも、映画事業、文学・学術発展のための振興事業、テレビ・ラジオ番組の提供など、幸福の科学文化を広げる事業を行っています。

アー・ユー・ハッピー？
are-you-happy.com

ザ・リバティ
the-liberty.com

幸福の科学出版
TEL **03-5573-7700**
公式サイト **irhpress.co.jp**

THE FACT

ザ・ファクト
マスコミが報道しない
「事実」を世界に伝える
ネット・オピニオン番組

Youtubeにて
随時好評配信中！

ザ・ファクト　検索

ニュースター・プロダクション

NEW STAR
PRODUCTION

公式サイト **newstarpro.co.jp**

ニュースター・プロダクション（株）は、新時代の“美しさ”を創造する芸能プロダクションです。2016年3月には、映画「天使に“アイム・ファイン”」を公開。2017年5月には、ニュースター・プロダクション企画の映画「君のまなざし」を公開します。

幸福の科学　入会のご案内

あなたも、ほんとうの幸福を
見つけてみませんか？

幸福の科学では、大川隆法総裁が説く仏法真理をもとに、
「どうすれば幸福になれるのか、また、
他の人を幸福にできるのか」を学び、実践しています。

入会

大川隆法総裁の教えを信じ、学ぼうとする方なら、どなたでも入会できます。入会された方には、『入会版「正心法語」』が授与されます。（入会の奉納は1,000円目安です）

ネットでも**入会**
できます。詳しくは、
下記URLへ。
happy-science.jp/joinus

三帰《さんき》誓願《せいがん》

仏弟子としてさらに信仰を深めたい方は、仏・法・僧の三宝への帰依を誓う「三帰誓願式」を受けることができます。三帰誓願者には、『仏説・正心法語』『祈願文①』『祈願文②』『エル・カンターレへの祈り』が授与されます。

植福《しょくふく》の会

植福は、ユートピア建設のために、自分の富を差し出す尊い布施の行為です。布施の機会として、毎月1口1,000円からお申込みいただける、「植福の会」がございます。

ご希望の方には、幸福の科学の小冊子（毎月1回）をお送りいたします。詳しくは、下記の電話番号までお問い合わせください。

月刊
「幸福の科学」

ザ・伝道

ヤング・ブッダ

ヘルメス・
エンゼルズ

What's
幸福の科学

INFORMATION

幸福の科学サービスセンター
TEL. **03-5793-1727**（受付時間 火～金：10～20時／土・日・祝日：10～18時）
幸福の科学 公式サイト **happy-science.jp**